探城寻宝记

# 魔幻山城的风华

彭彭——文
彭彭 燕十三——图

上海科技教育出版社

魅力重庆

# 序言

　　每一座城市，都是一座等待着我们去挖掘的巨大宝库；每一次游历，都是一段探宝的历程！

　　重庆是一座非常独特的立体感十足的山城，也是中国西部最大的城市、中国四个直辖市之一。

　　它的别称很多，雾都、江城、桥都……重庆还是一座移民城市。它海纳百川，各种文化在这里碰撞与融合；它不惧改变，开放地接纳最新的思想和潮流。因此，它成为经济发展十分迅速的现代化大都市。

　　此次探城寻宝之旅，我们将走进"8D魔幻城市"——重庆，去探索这座山城的独特魅力。

# 藏宝积星卡
## 看看你能找到几个宝箱？

- ❶号宝藏：奇特的交通 ☆☆☆ — 17
- ❷号宝藏：解放碑商圈 ☆☆☆☆ — 21
- ❸号宝藏：重庆市人民大礼堂—三峡博物馆—中山四路 ☆☆☆☆☆ — 25
- ❹号宝藏：洪崖洞 ☆☆☆ — 30
- ❺号宝藏：湖广会馆 ☆☆☆☆ — 34
- ❻号宝藏：歌乐山 ☆☆☆ — 38
- ★宝箱景点：民国街 ☆ — 43
- ★宝箱景点：山城第三步道 ☆ — 45
- ★宝箱景点：罗汉寺 ☆ — 46
- ★宝箱景点：黄桷坪涂鸦艺术街 ☆ — 48
- ★宝箱景点：慈云寺 ☆ — 50
- ★宝箱景点：通远门 ☆ — 53
- ★宝箱景点：鹅岭公园 ☆ — 54

| | |
|---|---|
| ❶号宝藏：磁器口古镇 ☆☆☆☆ | 57 |
| ❷号宝藏：大足石刻 ☆☆☆☆ | 63 |
| ❸号宝藏：武隆区 ☆☆☆ | 67 |
| ❹号宝藏：酉阳土家族苗族自治县 ☆☆☆☆ | 72 |
| ★宝箱景点：中山古镇 ☆ | 79 |

| | |
|---|---|
| ❶号宝藏：两江游（朝天门）☆☆☆☆ | 81 |
| ❷号宝藏：重庆美食 ☆☆☆☆ | 87 |
| ❸号宝藏：三峡 ☆☆☆☆ | 95 |
| ★宝箱景点：南滨路 ☆ | 103 |
| ★宝箱景点：南山一棵树 ☆ | 104 |

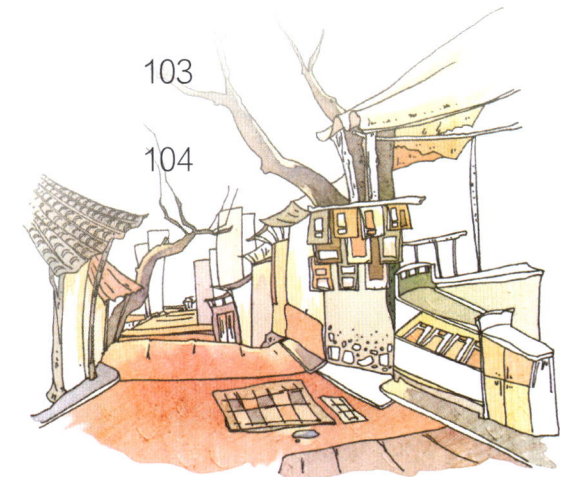

# 目 录

### 探城寻宝，你准备好了吗

8 / 寻宝规则

9 / "藏宝地文化号"快车

12 / 宝藏地图

14 / 时光探测器

### 站着的山城

17 / 奇特的交通

21 / 解放碑商圈

25 / 重庆市人民大礼堂—三峡博物馆—中山四路

30 / 洪崖洞

34 / 湖广会馆

38 / 歌乐山

43 / 民国街

45 / 山城第三步道

46 / 罗汉寺

48 / 黄桷坪涂鸦艺术街

50 / 慈云寺

53 / 通远门

54 / 鹅岭公园

## 巴渝风韵

57 / 磁器口古镇

63 / 大足石刻

67 / 武隆区

72 / 酉阳土家族苗族自治县

79 / 中山古镇

## 两江雾都

81 / 两江游（朝天门）

87 / 重庆美食

95 / 三峡

103 / 南滨路

104 / 南山一棵树

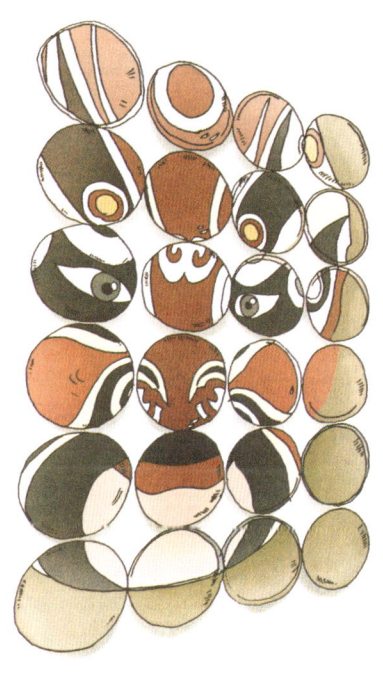

# 探城寻宝，你准备好了吗

## 寻宝规则

让我们出发吧！每个景点都藏有1—5个宝箱，大家一起来寻找吧！

每寻找到一个**宝箱**，就在藏宝积星卡对应的景点名称后面涂上一颗小星星，累计涂满10颗小星星，就能获得"**探城过路人**"的称号！累计涂满30颗小星星，就能获得"**探城侦察员**"的称号！累计涂满50颗小星星，就能获得"**探城小奇兵**"的称号！

# "藏宝地文化号"快车

现在,让我们乘坐"藏宝地文化号"快车,穿越古今,快速地了解一下这次探城寻宝之旅的三大站吧!

## 第一站:站着的山城

余秋雨说:"我到过许多城市,感到那些城市都是趴着的,只有重庆这座城是站着的。"

重庆是一座"依山就坡"而建的城市,是中国最大且最著名的山城。重庆的城市道路基本上除了上坡就是下坡,这导致建筑分布的错落感很强,看上去极具立体感和视觉冲击力。重庆的夜景极富层次感,再加上江水映衬,显得相当炫美。

这一站,我们将在重庆主城区内,前往解放碑、人民大礼堂、三峡博物馆、中山四路、洪崖洞、湖广会馆、歌乐山等宝藏地,探寻其中的陪都文化、移民文化、抗战文化、沙磁文化……

## 第二站：巴渝风韵

重庆是巴渝文化的发祥地。重庆古称"巴"，是长江与嘉陵江汇合之处，由于嘉陵江在古代被称为渝水，重庆也因此简称"渝"。中国古代就有"仁者乐山，智者乐水"的说法，重庆既有巴山之险峻，又有两江之融汇，单从地势上看，重庆就是一座受仁者与智者青睐的绝好之处。

这一站，我们将去探寻重庆周边绝美山水中的巴渝风韵。

## 第三站：两江雾都

重庆处于川东盆地的边缘，长江和嘉陵江在此交汇，四面群山环抱，江水蒸发产生的水汽不易扩散，潮湿的空气处于饱和状态，易于凝结成雾。重庆在巅峰时期一年之中平均有 100 多天的雾天，是名副其实的"雾都"。

这一站，我们将沿着长江和嘉陵江，探寻两江带给重庆的丰富宝藏。

宝藏地图

重庆

嘉陵江滨江路

三峡博物馆

重庆市人民大礼堂

← 大足石刻方向

← 磁器口古镇方向

洞子火锅

嘉陵江

朝天门

洪崖洞

解放碑　湖广会馆

长江索道

山城步道

长江滨江路

重庆长江大桥

南滨路

龚滩古镇方向

# 时光探测器

让我们乘坐时光穿梭车,来看历史长河中不同时期的重庆风景吧!

**旧时器时代:** 在如今的重庆巫山县一带,已经出现了巫山人的身影。

**商周:** 巫山地区有了巴国文明。

**春秋战国:** 诸侯相互征伐,在这段时间里,巴国从汉水流域迁居到长江上游,在如今的重庆地域内建都。秦国灭了巴国,筑巴郡城。

**秦汉:** 秦始皇统一六国,实行郡县制,分天下为三十六郡,巴郡就是其中一个。汉朝时巴郡被划归益州刺史部管辖。

**隋朝:** 废除郡县制,将南梁在重庆设置的楚州更名为渝州,治巴县。这是重庆简称"渝"的由来。

**宋朝:** 宋徽宗觉得渝州的"渝"有

"变"的意思，不太吉利，于是就改渝州为恭州。南宋宋光宗因先受封恭王，后登基为帝，觉得是双重喜庆，于是就改恭州为重庆府，重庆自此得名。

**元朝**：元末义军首领明玉珍自称陇蜀王，在重庆建都称帝，国号大夏，所辖之地有现在的重庆、四川的东部和北部、陕西南部、湖北西部以及贵州北部等大片地区。

**明清**：朱元璋灭大夏国，又改为重庆府。明末清初时期，重庆被大西军、南明军队、清军轮番占领。由于战乱，重庆几乎一度成为空城。清朝初年，湖广填四川运动在重庆悠久的移民历史上添加了浓墨重彩的一笔，丰富了重庆的移民文化，也奠定了重庆日后发展的社会基础。

**民国**：抗日战争爆发后，国民政府西迁重庆，于1937年11月定重庆为战时首都。

**中华人民共和国**：1949年11月30日，中国人民解放军解放重庆，随后，重庆成为西南军政委员会驻地（一年半以后撤销）。1997年6月18日，重庆直辖市政府机构正式挂牌。

# 奇特的交通

重庆是一座容易让初来乍到的外地人晕头转向的迷城。初到这里，你可能会时常感到迷惑和混乱——在重庆的某些大楼，你从第一层出去是马路，从第三层出去是马路，从第五层出去还是马路，让人搞不清楚自己究竟在大楼的哪层。

比楼层更让人迷惑的是道路。在重庆旅游，你千万不要太相信网络地图，最靠谱的找路方法是询问当地人。这是座山城，人们指路时只说上下左右，不讲东西南北。有时候地图显示的一条路在你旁边，实际是在你的头顶上方，你需要爬很长的坡才能抵达，甚至根本没有道路可以上去。如果没有做好迷路的心理准备，初次造访重庆的外地人尽量不要自驾游。

魔幻的地形给这座城市的居民生活带来了很多不便，却也带来了许多神奇的景观：轻轨穿楼而过的李子坝站、夜景迷人的洪崖洞、超长的皇冠大扶梯、充满了老重庆韵味的山城步道、奇妙的天桥、各式各样的山城老民居……

重庆有很多奇特的交通工具，比如凯旋路电梯（宝箱一）就是重庆特有的公共交通工具。你从一条马路进电梯，上行后打开电梯门，映入眼帘的是另外一条马路。凯旋路云梯街从下端的重庆复旦中学门口开始，在上端的磁器街结束，上下高度相差 50 米，相当陡峭。为解决人们爬坡上坎之累，当地政府于 1986 年修建了凯旋路电梯。这是中国第一部客运电梯，最高峰日载客量 1.4 万人次。凯旋路云梯街凭借电梯成了最热门的打卡地之一。

你可能很难想象，扶梯也能成为刷公交车卡乘坐的交通工具。另一部受欢迎的电梯皇冠大扶梯（宝箱二）位于渝中区，扶梯一端连着皇冠大厦，另一端连接菜园坝火车站。扶梯全长约112米，运行时间约2.5分钟。

说到重庆的交通，不能不提"轻轨"。严格来说重庆人口中的"轻轨"是指单轨和地铁，但"轻轨"的说法已经在重庆流传了十多年，一时半会儿也改不过来。

重庆"轻轨"（宝箱三）上天入地，看起来十分魔幻。有的路段是近乎九十度的弯道，给乘客带来刺激的乘坐体验，穿楼而过的李子坝"轻轨"更是重庆的标志性名片之一。处在八楼的"轻轨"和楼下的商铺、楼上的住户三体合一，互不影响。这样和谐的共处多亏了独特的设计——跨座式单轨列车——既减震又降噪。

重庆"轻轨"不仅在空中穿梭，还依山傍水。在一些路段，还可观嘉陵江江景。

过江索道以前作为一种公共交通方式而存在，虽然也有很多特地来体验的游客，但使用更多的是有过江需求的重庆市民。重庆的第一条过江索道是嘉陵江索道，现在只剩下长江索道（宝箱四）了。仅存的长江索道如今成了一个热门的旅游地标。

乘坐长江索道是到重庆旅游最值得体验的事情之一。坐在一个可容纳数十人的大型轿厢里，沿着索道飞越长江。乘坐的轿厢虽然看上去有些老旧，还略微晃动，但其实很安全，渡江速度也很快。透过轿厢四面透明的玻璃，乘客能眺望外面的景色。长江索道连接渝中区和南岸区，人行其间，可以清楚地看到两岸的景色，白天可以一览长江和山城的奇妙风光，晚上可以观赏江灯渔火和都市灯光交融的奇丽景象。

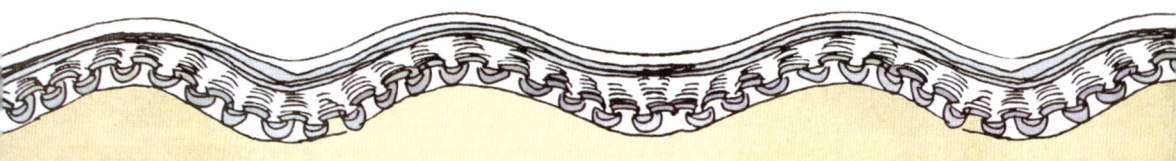

### 十八梯——梯坎上的老重庆印象

"好个重庆城,山高路不平",对于重庆人来说,每天爬坡上坎已是生活的一部分。

重庆最知名的梯坎(在当地方言中指台阶)当属"十八梯"。十八梯是沿山石梯,离繁华的解放碑商圈仅几百米的距离,它上接较场口,下接厚慈街,有200多级台阶,将山顶繁华的商业区和山下江边的老城区连接起来。为减轻爬坡之苦,长石梯被分为18段,所以称为十八梯。

以前,在弯弯曲曲的石梯两旁居住着大量普通老百姓,街上散发着浓浓的市井气息,道路两侧满是做生意的小贩,掏耳朵的、修脚的、卖烧饼的、开小茶馆的、开裁缝店的,还有最具山城特色的棒棒军,他们各自吆喝着招揽生意,另有些人在树荫下打牌喝茶,或者由小猫小狗陪着发呆……

抗日战争时期,大量移民陆续从各地迁移到重庆,他们来自江苏、上海、浙江、安徽、江西、湖北等地区。那时,重庆人习惯把这些来自长江中下游地区的人称呼为"下江人",称自己则为"上江人"。

作为老重庆市民生活的真实写照的十八梯,经过拆迁改造,成为焕然一新的传统风貌区。希望面目全新的十八梯能够更好地呈现重庆的世风民俗,弘扬重庆文化。

## 解放碑商圈

解放碑全称"抗战胜利纪功碑暨人民解放纪念碑",是中国唯一一座用来纪念中华民族抗日战争胜利的 国家纪念碑(宝箱一),以纪念重庆人民为抗战胜利作出的伟大贡献。不过现在,解放碑在重庆意味着最繁华热闹的商圈,这里高楼林立,商店鳞次栉比,车水马龙,好不热闹。

高楼和大商店都不是重庆特有的事物，但在解放碑，你能看到一种属于重庆的特色形象——棒棒军。

重庆民间有一种说法叫"爬坡上坎当小菜"，说的是重庆人民根本不把爬坡视作挑战，尤其是棒棒军，更是爬坡上坎的好手。棒棒（宝箱二），代指那些以一根竹棒帮人挑物为生的体力劳动者。重庆独特的山城地形孕育了这个特殊的行业，1990年前后是棒棒的黄金年代，棒棒军规模一度达到40万人。然而，随着重庆的快速工业化、城市化，物流行业兴起，城市轨道交通越来越发达，孕育"棒棒"的土壤变得日益贫瘠，棒棒的人数也在急剧减少，这个行业正在逐渐消失。

以前有很多棒棒住在解放碑附近的自力巷和十八梯等地方，这些地方离江边近，方便他们接活。现在解放碑一带还时不时出现棒棒军的身影，随着旧房拆迁，解放碑的棒棒将变得越来越稀有。挑起一座现代化都市后，棒棒们也慢慢地消失在这片浸满他们汗水的土地上。

位于解放碑商圈的八一路好吃街（宝箱三）极负盛名，是外地吃货去重庆的打卡地。几乎每座旅游城市都有这么一条集中了当地特色小吃的街道，通常来说本地人很少去逛，但却是游客必去地之一，八一路好吃街就是属于重庆的"游客美食体验街"。在这条街道上，游客们可以快速找到地道的重庆美味，通过味蕾去体验这座城市的饮食文化。

八一路好吃街拥有各式各样的重庆名小吃，担担面、串串香、盐水鸭、小汤圆、酸辣粉等应有尽有，虽然价格略贵，但味道都很不错。每天都有无数形形色色的外地男女老少在这里品尝重庆美味，他们端着纸碗站在街边，一边吃一边辣得吐舌头。好吃街上的小吃店大都不提供座位，但是美食当前，又有谁会在意形象呢？吃一碗"好又来"酸辣粉，被辣得满头大汗后，再去吃一碗刨冰，体验冰火两重天的快感！

## 同类型景点

弹子石老街

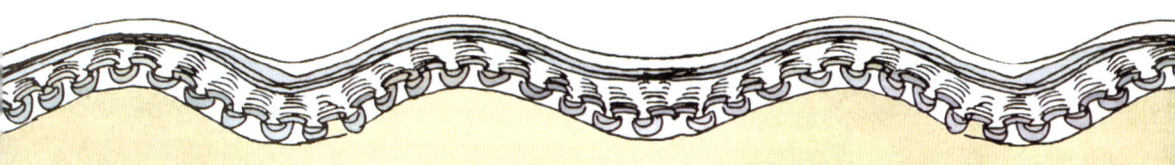

### 重庆十八怪

第一怪，房如积木顺山盖；
第二怪，三伏火锅逗人爱；
第三怪，坐车没得走路快；
第四怪，空调蒲扇同时卖；
第五怪，背起棒棒满街站；
第六怪，女士喜欢露膝盖；
第七怪，龟儿老子随口带；
第八怪，不吃小面不自在；
第九怪，光着膀子逛大街；
第十怪，街边打望好愉快；
第十一怪，办报如同种白菜；
第十二怪，崽儿打赌显豪迈；
第十三怪，矮小伙高姑娘爱；
第十四怪，摊开麻将把客待；
第十五怪，公交车上摆擂台；
第十六怪，宝气处处都存在；
第十七怪，人名没得地名怪；
第十八怪，丧事当作喜事办。

# 重庆市人民大礼堂—三峡博物馆—中山四路

重庆市人民大礼堂（宝箱一）是重庆市举行大型集会和演出活动的中心，对面是三峡博物馆。大礼堂的模样和北京天坛很相似，从外观上看，这座金碧辉煌的古典建筑显得气势恢宏。外面的人民广场（宝箱二）是一个值得体验的地方。清晨或夜晚时分，广场上的大妈大爷齐刷刷地跳着坝坝舞，强烈的音乐节奏带动巨大的队伍，好气派的场景。

我在旁边观看了很久，大致感受是坝坝舞是一种充满活力、旋转多变、婀娜多姿的广场舞。

当地朋友告诉我，重庆人对这个广场有着非常深厚的感情。以前大礼堂周边有围墙，普通百姓是进不去的。1997年重庆升为直辖市，市委、市政府顺应民意拆掉围墙建设人民广场。重庆人民非常激动兴奋，不仅踊跃为工程捐款，也在

广场建成的那一天蜂拥而至，圆了广场梦。

大礼堂对面是重庆中国三峡博物馆（宝箱三），又名重庆博物馆，免费向公众开放。博物馆有五层，通过古人类标本、三峡文物、巴渝青铜器、汉代文物、西南民族文物、大后方抗战文物等多种藏品，展示了重庆的前世今生。一层大厅免费放映《大三峡》环幕电影，不过是在特定时间段放映的，想看的人注意安排好时间哟。

这座博物馆讲述着发生在这片土地上的悲壮历史，同时叙述着那些壮丽史诗。"重庆大隧道惨案"中逝去的众多生命让人悲痛万分，三峡百万移民的故事又让人热泪盈眶。

三峡博物馆地下有一个纳凉防空洞，和轨道交通曾家岩站连在一起。

重庆曾有大大小小上千个防空洞。从 1938 年 2 月到 1943 年 8 月，日本对重庆进行了长达 5 年半的大规模轰炸，史称"重庆大轰炸"。在那段艰难的岁月里，重庆人充分利用山城的地势条件，挖掘了许多防空洞来躲避日军的密集轰炸。大大小小的防空洞让重庆市民挺过了日军轰炸的艰难时期，现在已变为城市纳凉点、茶馆、酒窖、餐厅、轨道交通站、火锅店、洗车场……

三峡博物馆纳凉防空洞（宝箱四）是重庆主城区人气最旺的人防工程，洞内高大宽敞，总长度有几百米，整个地面用麻石铺成，有几百个座位。这里还为人们免费提供饮用水，夏季时每天都有不少市民前来纳凉。来此乘凉的市民喝茶、聊天、下棋、打牌、打盹、逗娃儿、织毛衣、看电视……形成生动的民风画卷。

防空洞的通道还通往中山四路。中山四路（宝箱五）是一条承载着厚重历史的街道，有着既深邃又平和的气质，被誉为"重庆最美街道"。在抗日战争时期，这里是反法西斯同盟在中国的指挥中心，推动着风起云涌的世界历史进程。现在这条路上，还保留着桂园、周公馆、戴公馆等抗战时期的名人公馆。

桂园是当初国共两党签订《双十协定》的地方，陈列如旧；周公馆是中共中央南方局设在城区的主要办公地点，因为那时周恩来任国民政府军事委员会政治部副部长，为了方便工作，用个人名义租赁了这幢房子。离周公馆不远的曾家岩

151号，却是著名特务头子戴笠的公馆（现在是巴渝文化会馆）。可以想象，当时这条表面安静祥和的街道实际上不知涌动着多少政治暗流。

现在，周公馆是一座供游人免费参观的纪念馆，里面的陈设很简单，展现出革命伟人们朴素的生活作风。外面的广场中央有一尊周恩来的全身铜像，供游人瞻仰。

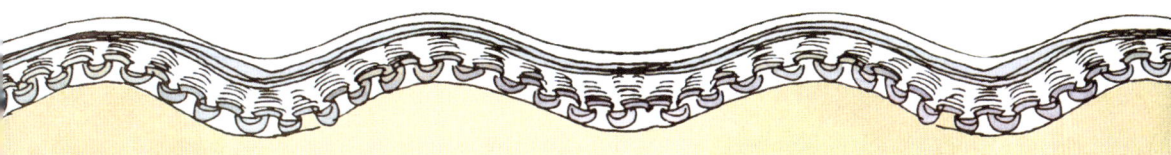

## 重庆大轰炸下的惨案

抗日战争时期，国民政府迁都重庆，重庆成为"战时首都"。据不完全统计，在长达6年多的时间里，日军对重庆实施轰炸218次，出动飞机9513架次，投弹21 593枚，造成了数万民众直接伤亡，超17 600幢房屋被毁，财产损失不计其数。

1941年6月5日晚上，日军再次空袭重庆，当时大量民众涌入十八梯大隧道中，造成洞内人数远超设计上限。在长达10小时的高温和严重缺氧的情况下，众多避难民众死亡，史称"大隧道惨案"。现在每年6月5日，重庆都会在全市范围内拉响防空警报，悼念在隧道中死去的人们。

抗战时期，尽管生存条件极端恶劣，但重庆人民冒着日寇飞机的狂轰滥炸，仍咬紧牙关，努力生产，积极参军，支援前线，向全世界昭告中国人坚韧不拔的抗战精神！

洪崖洞

洪崖洞是沿崖壁而建的一组吊脚楼。十一层巴渝民居风格的木质吊脚楼依山而建，层层叠叠。它跟《千与千寻》里的汤屋长得十分类似，尤其是夜幕降临时分，看起来比动画中的场面还要梦幻。这里也体现出上文所提及的重庆山城的特点，顶层出去是马路，第一层出去也是马路。洪崖洞顶层（宝箱一）对着千厮门大桥，在此处可以眺望嘉陵江，还有一座极富特色的巨型洪崖洞雕塑适合拍照留念。

这组吊脚楼群为何会被称为"洪崖洞"呢？明初，重庆建有十七道城门，九开八闭，洪崖门是闭门。这里修得有城楼有门的样子，但不能供行人、车辆等进出，而是纯粹用于军事用途，因为洪崖门面临嘉陵江，在城墙上架设大炮能控制很长一段江面，可以防止敌人从江面上进攻。

在洪崖门下面靠右的悬崖下有个洞，就是洪崖洞。洪崖洞上原来有一条小溪，溪水从悬崖上倾泻而下，形成瀑布。这便是重庆的一大景观——"洪崖滴翠"（宝箱二）。后来，城里的树木被砍完，人口也增多了，那条小溪成了污水沟，洪崖就不滴"翠"了，而是悬着一条"污水瀑布"。

抗战开始后，重庆人口猛增，"四海八荒"前来讨口饭吃的"叫花子"也多了，能够遮风挡雨的洪崖洞成了"叫花子窝"。又过了一段时日，那些江边的搬运工、纤夫，还有挑着水叫卖的下力人，也看上了洪崖洞这块宝地。这些穷苦人民在洪崖洞的江水边依山就势建起吊脚楼，逐渐演变成现在的样子。

以前，从洪崖洞城墙上看下去，从吊脚楼里伸出的一根根竹竿上晾满了衣物，它们在夕阳中摇晃，颇为壮观。嘉陵江常发洪水，有时洪水还会把吊脚楼冲垮卷走。水退了，整条街的人一起努力，冲洗淤泥，把暂时存放在别处的家具重新搬回家。用不了多久，那被冲垮的吊脚楼也重新立起来，年年如此。

如今，大片的吊脚楼不复存在。吊脚楼作为重庆地区独有的传统民居形式，变成一种文化符号。洪崖洞成为重庆最著名的景观之一，在此处既能看到两江美景，还能体会巴渝风俗，品尝重庆美食，共11层的洪崖洞每一层都有自己的主题和特色,沿着楼梯一层一层地下去,第九层和第十层的洪崖洞异国美食街,第四层的巴渝民俗美食街,第三层的百业工坊老街,第二层的洪崖洞民俗特色商馆……

洪崖洞美食街(宝箱三)给人留下印象最深的是涪陵油醪糟,除了主料醪糟和猪油,还配有芝麻、核桃、花生、瓜条、橘饼、玫瑰、蜜枣、桂花……洪崖洞有家卖油醪糟的店叫"飞机码头",相传这个店名有一个典故。1943年,蒋介石和宋美龄从印度回国时遭遇了日本战机拦截,安全抵达重庆后,宋美龄吃了这家店的猪油醪糟压惊,吃过后评价不错,相关报道居然还上了当时的《中央日报》,引起轰动,继而达官显贵纷纷去这家店吃油醪糟。

千厮门大桥(宝箱四)是拍洪崖洞的最佳地点。年轻的千厮门大桥2015年才通车,桥上层是公路,两边有人行道,下层是轨道交通。它不光外观引人注目,还是绝对的交通要道。

千厮门大桥两侧人行道的设计真是造福人类,在桥上,游人可以方便地眺望四周的景色,欣赏洪崖洞的夜景。夜幕降临后,洪崖洞倒映在江水里,一片璀璨,美不胜收。

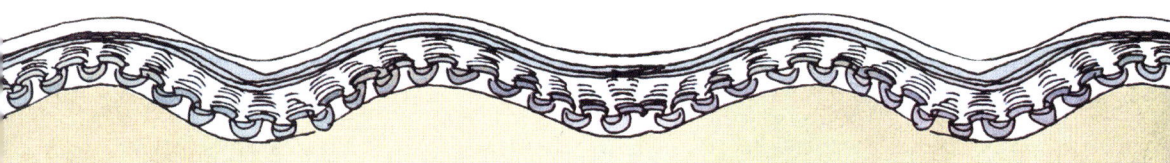

## 常用重庆话

重庆话很有特色,不区分鼻音、边音,也不区分翘舌音和平舌音,部分汉字读音比普通话更接近古汉语。重庆话干脆利落,不拖泥带水,体现出重庆人率真、耿直的性格特征。下面给大家介绍几个有趣又常用的重庆话词组。

雄起:加油,奋起!

老汉:父亲。

脑壳:脑袋。

耙耳朵:妻管严。

神戳戳:有点神经质。

少午:中饭。

撒脱:洒脱,利落,爽快。

瓜兮兮:傻瓜,蠢货。

不存在:没关系。

哦豁:哎呀,不好啦。

对头:对,好,没问题。

耍朋友:谈恋爱。

摆龙门阵:闲聊。

33

# 湖广会馆

　　湖广会馆位于重庆市中心区域,在重庆的众多景点中并不算特别有名,但它可以让人了解重庆的一段至关重要的历史——湖广填四川。

进入湖广会馆后，可以先去参观会馆里的 湖广填四川移民博物馆（宝箱一），听讲解员详细地解说这一段历史，内心会受到极大的震撼。

明末清初，张献忠（农民起义军首领）率军入川称帝；继而发生了南明军与清军的战争；还有吴三桂（叛变的明朝将领，后来又发动了反清的全国性叛乱）反清后与清军的战争。一时间，四川成了人间地狱：各路军队滥杀平民，地方豪强与乡村无赖作恶多端，四川人民在一次又一次的战乱中遭到屠戮。近半个世纪的战乱以及肆虐的瘟疫、虎患，让四川人口锐减。据《四川通志》载："蜀自汉唐以来，生齿颇繁，烟火相望。及明末兵燹之后，丁口稀若晨星。"

清政府在统一后，鼓励外省移民入川垦荒，出台了很多优惠政策。那时候入川当"地主"相对容易，加之四川土地肥沃，吸引了周边省份的人口迁徙，其中以湖广行省人口最多。这在重庆移民史上写下了浓墨重彩的一笔。

湖广会馆里的建筑 禹王宫（宝箱二）是祭拜大禹的地方，这与湖南、湖北容易发生水患有关，重庆处于长江上游，水患相对较少，这座祭拜大禹的禹王宫，是来自湖广行省的移民为了祈求家乡风调雨顺而建的。

紧挨着禹王宫的是 广东公所（宝箱三）和齐安公所，主要展现的是当时的同乡文化，这也是湖广会馆的另一个动人之处。据介绍，在会馆里人们联络乡谊，互相扶持，扶贫济困。同乡如果没钱吃饭可以来这里领粮食，会馆也会资助那些没有钱上学的老乡，体现了同舟共济的同乡文化。

湖广会馆建筑群中的浮雕、镂雕十分精致，特别是在禹王宫、广东公所和齐安公所内的戏楼中，雕刻着《西游记》《西厢记》《封神榜》《二十四孝》等作品中的人物故事和有福气寓意的花草、瑞兽等图案。

　　齐安公所戏楼上的精美生动的貔貅雕塑（宝箱四）让人印象深刻。因为貔貅有嘴无肛，只进不出，故有招财进宝、吸纳四方之财的寓意，被人们奉为招财神兽，尤其受商人的欢迎。戏楼上的貔貅被铁链锁住，这是因貔貅生性活泼，商人们怕它跑了。戏楼外面的一个门头上也有三个貔貅的浮雕。这三个貔

貅的头看起来特别立体，而身体的立体感相对较弱，这般巧妙的处理能强化貔貅对着门外的感觉，这样意味着财源广进。虽然是一些细微之处，但也融入了深厚的传统文化，听导游一一讲解，会觉得特别有意思。

　　20世纪80年代中期，湖广会馆已经成了居民住宅和单位仓库，因年久失修，大量木雕、石雕、殿堂、楼阁损毁严重。后来，重庆市和渝中区两级政府投入资金对湖广会馆核心区的建筑群进行保护性修复。湖广会馆的修复工作还被纳入了世界银行贷款项目。

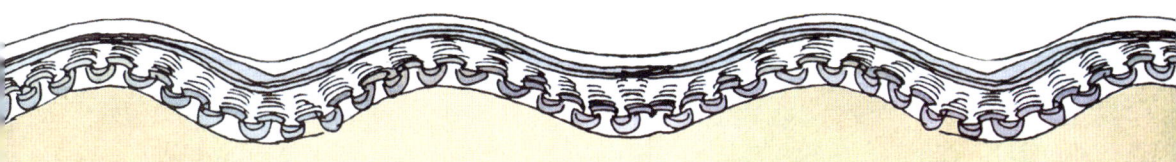

## 移民文化

重庆地处水陆要冲，人口流动比较频繁。历史上，重庆经历过数次大规模的移民浪潮，这对城市的变迁和发展起到了相当重大的作用。

元明清时期，重庆归四川管辖。四川经历过元末明初农民起义后，人丁稀少，明朝政府为恢复生产开始有组织地移民，直至明中叶以后才告终结。据史家考证，这是历史上第一次"湖广填四川"。

经过明末数十年战乱，清初四川人口凋零。清朝政府从顺治年间开始陆续颁布鼓励南北各省人民入川垦殖的政策。此后出现了持续不断迁居四川的移民浪潮，即第二次"湖广填四川"，前后延续100余年。这次大规模移民的数量超过了历次，使四川人口增至200多万人，远超原有人口。

抗日战争爆发后，东北、华北、华东相继沦陷，国民政府迁都重庆，大批工厂、学校、企事业单位迁入，东部人口也随之内迁。重庆在1937年抗日战争全面爆发之时，人口不到50万，到了日本投降的1945年，人口激增已超过百万。这增加的一倍多人口，大多数都是从外地迁入重庆的，人员来自全国25个省。大量外来人口的涌入也带来了外来文化与重庆本土文化的碰撞。来自天南地北的文化不断融合，最终使得重庆成为中国最不排外、最具包容性的城市之一。

# 歌乐山

歌乐山脚下的渣滓洞和白公馆是国民党军统特务关押、迫害、屠杀过革命志士的地方，著名小说《红岩》就取材于此。

1939年，国民党特务头子戴笠亲自选址原四川军阀白驹的别墅"白公馆"，用重金买下后改为监狱，将原来的地下贮藏室改为地牢，防空洞改为刑讯洞，一楼一底的住房改为牢房。除"特务连"在后门围墙外，其他建筑均由高高的围墙、铁丝网环形封闭。

白公馆（宝箱一）主楼正面写有"整齐严肃"四个大字，左侧是曾关押过革命者的地牢，如今地牢内依旧阴暗潮湿，刑讯洞内还放置着刑具，洞内光线昏暗，令人感到阴森恐怖。这些让人不寒而栗的场景和大门口的"香山别墅"四个大字的美好寓意恰恰截然相反。

**渣滓洞**（宝箱二）原来是一个人工采煤的小煤窑，因为渣多煤少而得名。渣滓洞三面环山，一面邻沟，地形隐蔽。1939年，军统特务逼死矿主，霸占煤窑及矿工住房，将其改造为看守所。

歌乐山下关押过很多革命者。仅白公馆一处，便关押过抗日爱国将领黄显声、同济大学校长周均时、爱国人士廖承志、革命伴侣宋绮云和徐林侠夫妇及幼子"小萝卜头"等，关押的"政治犯"最多时达200多人。除了白公馆和渣滓洞两座监狱外，在歌乐山脚下还有几处秘密囚室，用来关押"重政治犯"。

在这些人里面，大家最熟悉的可能是"小萝卜头"，关于他的文章曾经被编入语文教材。"小萝卜头"原名宋振中，父母都是共产党员，父亲宋绮云是杨虎城将军（与张学良一起发动"西安事变"）的秘书。在他八个月大的时候，父母被国民党反动派秘密逮捕，他也被带进了白公馆。

"小萝卜头"从小跟着母亲在白公馆女牢中长大。由于常年住在阴暗、潮湿的牢房里，吃的是发霉发臭的米饭，他长到八九岁时，个头却只有四五岁孩子那么大，成了一个头大身子细、面黄肌瘦的孩子，难友们都疼爱地叫他"小萝卜头"。

在这样艰苦的条件下，"小萝卜头"依旧成长为一个聪明好学的孩子，由于他年龄小，特务们对他的看管不是很严，他就经常在牢房之间传递信息，帮大人们放哨。

1949年，在国民党溃逃之前，国民党特务对革命者进行集体屠杀，这场震惊中外的集体大屠杀开始于1949年9月6日，一直持续到11月29日，殉难者达 300 余人，其中包括"小萝卜头"和他的父母。

位于歌乐山下的集中营，原先是中美特种技术合作所，简称"中美合作所"（宝箱三），1943 年成立，起初为美国政府为从国民党当局获取对日作战情报而与其秘密协定，共同建立的情报机关。抗战胜利后，这里成为训练国民党特务和关押共产党员、进步人士的场所，设有秘书室、军事组、情报组、气象组、特警组、侦译组、心理作战组等，巅峰时期人员多达 6000 多人。

歌乐山的景色令人陶醉，这里是重庆之行不可错过的地方。我们应怀着一颗敬畏的心，前往瞻仰革命先烈，缅怀陨落于此的英灵，感受一种甚至可以让人付出生命的理想主义。这样的经历会让我们更加珍惜现在的美好生活，因为它来之不易。

## 囚 歌

叶挺

为人进出的门紧锁着，
为狗爬走的洞敞开着，
一个声音高叫着：
爬出来呵，给尔自由！
我渴望着自由，但也深知道，
人的躯体哪能由狗的洞子爬出！
我只能期待着，那一天
地下的火冲腾，
把这活棺材和我一齐烧掉，
我应该在烈火和热血中得到永生。

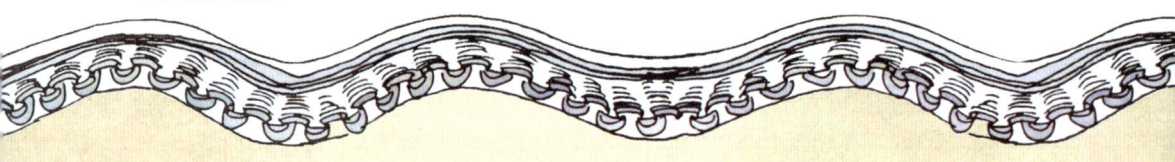

## 陪都重庆

抗战前,中华民国的首都是南京,1937年日本大举侵略中国,上海陷落后日军直逼南京,形势非常危急,国民政府当即迁都重庆,重庆正式担负起了中国战时首都的责任。

全面抗战时期,重庆是中国的政治、军事、经济与文化中心,是世界反法西斯战线远东指挥中心,也是中共中央南方局和第二次国共合作的所在地。军政机关、文化机构、教育院校的不断迁入,奠定了重庆作为中国抗战时期大后方核心的历史地位,也引来了日军对重庆长年累月的大轰炸,造成大量平民死伤。

当时国民政府之所以迁都重庆,有几个很重要的原因。

首先,重庆有着特殊的地理位置,它四面环山,被长江和嘉陵江环绕,易守难攻。长江三峡更是一道天然屏障,因此日本的陆军和海军始终没有攻入重庆,只有靠空袭。对于轰炸来说,有山就有巨大的防守优势,可以挖防空洞。这也是重庆在日本持续几年的轰炸中岿然不动的原因。

其次,重庆是长江上游的一座工商业城市,川江航运的物资集散地,在西南经济地位比较突出,交通方便。通过长江水运,战略物资能够较顺利地运到重庆,大后方的支持也能够直达重庆。

另外,国民党很早就控制了长江沿线各省,可以说当时的重庆是国民党的固有地盘,主要的军政长官都是总统的嫡系。因此,选择重庆对国民党来说更为妥当。

# 民国街

　　民国街是电影《一九四二》的取景地。作为一个以"民国历史""巴渝特色"为主题的特色街区，它再现了国民政府时期重庆的著名建筑和景致，有国泰戏院、新华日报社、馨雅咖啡馆、皇宫照相馆等。此外，这里还有一些具有老重庆特色的博物馆、酒吧，如火锅博物馆、相机博物馆、民国主题酒吧等，让人产生一种穿越时空回到老重庆的感觉。

民国街离市区很远，大概需要一个小时的车程。这条街规模不大，从头到尾几分钟就能逛完，不过在街上可以租到民国风格的达官贵人、平民百姓等各阶层人物的衣着装束，如学生装、将军服，穿上拍照，仿佛穿越回那个风起云涌的年代，也颇有趣味。这个寻宝地适合在重庆待较长时间，喜欢复古风情和摄影的朋友们。

# 山城第三步道

重庆是一座依山而建的城市，即便是地图上相邻的地方，也可能存在几十米的落差，人们只能靠城市步道来往。曾经有一些步道十分繁华，然而，随着大规模旧城改造和交通条件的改善，这些步道逐渐失去人气，有的已经荒废，有的甚至消失了。

如今保留下来比较有名气的是"第三步道"。这条步道地处渝中半岛中山一路附近，将一系列传统街区和历史文化遗迹串联起来，依次经过法国仁爱堂旧址、悬空栈道、第一水塔厂、菩提金刚塔、抗建堂、中山医院……在步道上每走一段路，就会遇见醒目的提示标牌，在渝中区这样的闹市区寻着标牌前行，好像在玩一个寻宝游戏。

第三步道最引人注目的一段是修建在陡壁上的临空栈道，游人可以在这一"城市阳台"上俯瞰长江大桥。这是一条颇具重庆特色的山城步道，如果你想看看老重庆的生活，想欣赏两江风景，还想避开拥挤的人群，那么山城步道是一个很棒的选择。

# 罗汉寺

　　罗汉寺位于市中心，离解放碑不远，可以从解放碑步行过去。这座"生在红尘，看破红尘"的古刹被高楼大厦围绕着，静静矗立在喧闹俗世的中心。

　　当年那部红遍全国的电影《疯狂的石头》打破了古刹的幽静，把罗汉寺推入了全国人民的视野。罗汉寺始建于北宋治平年间，历史上经过多次修复，抗战期间又被炸毁，后又重修。如今看到的罗汉寺是20世纪80年代修复的。

　　走进罗汉寺，你会发觉这个寺并不大。第一道拱门后，通道两旁的石壁被称为"古佛岩"，上面存有宋代摩岩石刻佛像400余尊，风格有点接近于大足宝顶山石刻，只是因为年代太久远，大多看不清面目了。

走过这条通道,就到了罗汉寺的精华之地——罗汉堂。进入罗汉堂,密密麻麻、形态各异的500尊罗汉雕塑出现在眼前,你可以根据自己的年龄,找找与自己有缘的罗汉,这也是罗汉寺的一个特色活动。

电影《疯狂的石头》、宋代古佛岩、500尊罗汉、寻找有缘罗汉,这些还不算罗汉寺最吸引人之处,它沉甸甸的历史才是最打动人的。这座古刹经历了时间的洗礼,曾被炮火摧毁,历经动荡年代的浩劫,在城市现代化进程中仍然坚守在市中心。它在岁月中的守望让人体会到一种信仰的力量。

## 贴士

数罗汉是一种曾广泛流行于民间的汉族节日风俗,旧时人们以数罗汉来预卜未来。数罗汉时,必须记住自己是哪只脚先跨进门。若左脚先进门,则自左往右数罗汉;若右脚先跨进门,则自右往左数罗汉。数的时候要按本人年龄来确定具体的罗汉,若年方25岁,则数到第25尊罗汉为止,看看哪一尊罗汉与你有缘。

# 黄桷坪涂鸦艺术街

　　提到黄桷坪，人们自然会想到四川美术学院，又或是那条花花绿绿的涂鸦艺术街，再或是一群分散在各个小楼工作室里被称为"黄漂"的青年，黄桷坪带有浓厚的艺术氛围的形象在人们心中已经根深蒂固。

　　位于重庆黄桷坪的涂鸦一条街，长1000米左右，无论是居民楼、店铺、警卫厅还是废品回收站，全都涂上了绚丽梦幻的涂鸦，尽管这些楼已经很老旧，但却充满着重庆老市井的味道。前卫的艺术涂鸦与陈旧的建筑物结合，给人带来强烈的视觉冲击。这些有创意的涂鸦作品来自四川美术学院的师生们，现已成为世界上最大的涂鸦艺术作品群！

　　涂鸦艺术街并不长，很快能看完，有时间的话，也可以去旁边的川美老校区看看。感受一下这个著名美院的艺术气息，说不定能遇到艺术展览、艺术沙龙之类的活动。

从四川美术学院黄桷坪校区大门出来,往左手边走,穿过一条几百米长的小巷,经过一些小门面后,就能看到一间略显破败的木梁结构大屋,这就是著名的"交通茶馆"。

交通茶馆有30多年的历史了,现在茶馆里仍保持着20世纪七八十年代的茶馆风格,没有一星半点21世纪的气息,淋漓尽致地体现了老重庆的风土人情,是少有的保留着老重庆原始模样的地方之一。

## 同类推荐:罗中立美术馆

罗中立美术馆坐落在四川美术学院新校区虎溪公社旁。事实上,大家口中的"罗中立美术馆",包含四川美术学院美术馆、收租院陈列馆和罗中立美术馆3个馆。罗中立美术馆是一栋充满设计感的现代建筑,所有的外立面均用碎瓷砖拼成鲜艳、跳跃的色彩和灵动的图案,形成五彩斑斓的外墙,看上去十分震撼。整个美术馆的外墙就是一幅巨大的艺术作品。

# 慈云寺

　　常言道"青狮白象锁大江"，南岸区狮子山上的慈云寺门左侧那座青狮雕像，一直在长江畔守望着这座城市，与对岸渝中区白象街的大白象雕塑遥遥相望。

　　慈云寺的地理位置相当好，面朝悠悠长江，背倚巍巍狮子山，门口就是南滨路的繁华盛景。不过，寺内环境十分清幽，可谓"闹中取静"。与寻常寺庙不同的是，慈云寺的建筑风格很特别，竟是中西结合的高楼！

慈云寺始建于唐代，重修于清乾隆年间，原名观音庙。1927年云岩法师募资扩建，更名慈云寺，是当时中国唯一僧尼合庙的佛寺，这大概说明重庆人素来就有一种开放包容的态度。

慈云寺里面有几个宝贝，其中之一是一棵国内罕见的菩提树，那是1930年从印度移植过来的，如今已是枝繁叶茂。菩提树附近有一个望江亭，人坐亭中，视野非常开阔。

另外一宝是大雄宝殿正中供奉的释迦牟尼玉佛，高187厘米，重1500多千克，1931年由缅甸迎来，是我国现存较大的玉佛之一。玉佛前悬挂着四个金刚幢，上面有由五色金线盘结粘贴而成的《金刚经》全文，简直巧夺天工。

有了这样来历非凡的镇寺之宝，又有丰富的历史底蕴，加之地处市区，门票免费，难怪慈云寺香火那么旺了。

### 贴士

当时的寺院住持云岩法师为了广结善缘，适应各地僧尼和男女居士上朝峨眉山，下朝九华山、普陀山的需要而打破了旧例，采取了僧尼合庙的制度。

# 通远门

重庆古城原有 17 座城门，历经沧桑变迁，人们曾以为只剩下通远门和东水门两座。近年来的考古发掘又使得太平门、人和门以及南纪门相继重见天日。

通远门那座小门洞古时是重庆城通往外界重要的陆路通道。现在通远门有一组很生动的攻城雕塑，反映的是明末清初时，明军和张献忠率领的农民起义军的战争。两军在此激战六天，最后起义军炸塌通远门转角处的城墙，一举攻入重庆。攻进城后，张献忠竟令手下兵士大肆杀戮以解心中之恨，据《荒书》记载，"城中男女皆断右手"。

现在的通远门没有留下一点当年血雨腥风的痕迹。你若是爬上城墙，看到的会是群众悠闲地喝茶聊天的场景。或两两闲聊，或三四人打牌玩耍，还有人安静地坐着看书，旁边摆着一杯盖碗茶，一个开水壶。郁郁葱葱的树荫下正是乘凉的好去处，让人忍不住坐下，喝一杯浓郁的沱茶，和好友摆个龙门阵，品一段厚重的历史。

# 鹅岭公园

鹅岭公园地处渝中区,交通极为便利。整个公园位于重庆的最高处,环境清幽,面积很大,适合登高、散步。

鹅岭公园原是清末重庆富商李耀庭的儿子为其修建的私人花园,起初因藏有康熙的《宜春贴》而命名为宜园,后取"生而好礼"之意称为礼园。许多历史名人曾居住于此。抗战时期,蒋介石夫妇在园中"飞阁"居住半年;英国大使卡尔也曾在"飞阁"居住达五年之久;澳大利亚大使馆曾设于园中。1949年重庆解放后,这里成为西南军区司令部驻地,邓小平、刘伯承、贺龙先后居住于此处。

1958年礼园被移交给重庆市政府。政府对礼园旧址扩建修缮,广种花草树木,因其地处长江、嘉陵江挟持而过的狭长山岭上,形似鹅颈,故改名为鹅岭公园。

在如今的重庆,鹅岭公园已成为一座非常知名的市民休闲公园。

榕湖绳桥是鹅岭公园著名的标志性景点之一,它是典型的中国传统风格园林艺术的体现,颇具意境,能给人带来美好、平和、宁静的感觉。

瞰胜楼是鹅岭公园的另一个重要景点。登楼的游人可以俯瞰整个重庆风貌,左拥嘉陵江,右揽长江,两江风光尽收眼底,一派恢宏壮观的景象。入夜可观灯海,更是看夜景的绝佳去处。欣赏着这种开阔的景象,心境也会变得豁然开朗。

# 磁器口古镇

"一条石板路,千年磁器口",磁器口古镇始建于宋代,有"巴渝第一古镇"之称。作为嘉陵江边重要的水陆码头,它曾经有着"白日里千人拱手,入夜后万盏明灯"的景象,繁盛一时。

磁器口古时叫作"龙隐镇",传说明太祖之孙建文帝朱允炆被他四叔朱棣篡位,逃出宫后削发为僧时来这里隐匿过,故有此名。后来龙隐镇因为水运便利,来自嘉陵江中上游各个州、县和沿江支流的商品在这里中转集散,码头河坝中搭建起临时街道。

在清朝康熙年间,祖传烧瓷的福建人江氏一家跟随湖广填四川的移民队伍辗转来到龙隐镇,取这里的陶土烧制成碗售卖,因为江家碗厂产的成品质量甚好,很快便声名鹊起,其他百姓竞相仿效烧造,龙隐镇烧瓷制碗的规模便越来越大,名声越传越远,成为重庆最大的陶瓷生产、销售集散地,龙隐镇这一名称也因此渐渐被瓷器口取代。后来,因为"瓷"字与"磁"相通,这个古镇又被叫成磁器口。

清末到民国时期是磁器口的鼎盛时期,从早到晚,码头上过往商旅川流不息。1958年,随着码头的迁移,磁器口的"中转站"身份退出历史舞台。作为有着巴渝遗风的古镇,这里有着源远流长的茶馆文化,有着开放包容的码头文化,有着佛、道、儒三教并存的宗教文化。它地处市中心,交通便利,随着商业开发的推进,这里人潮涌动,热闹非凡。

磁器口正街有一条石板路贯穿全街，石板路很窄，两边是售卖各种商品的摊贩和店铺。其中有很多小吃和特产，麻花店尤其扎堆，打着"陈麻花"（宝箱一）招牌的大概有十来家。这些麻花店的生意个个火爆，很多要排队才买得到，据说排队最长的那家的麻花就是最正宗的。原本还想着麻花能好吃到哪去，试着吃了一次，我才发现陈麻花的味道的确特别好，口感非常酥脆。陈麻花还有多种口味可供挑选，如原味、黑芝麻味、椒盐味、黑米味、玉米味、冰糖糯米味、麻辣味、海苔味、巧克力味、蜂蜜味……

鸡杂（宝箱二）也是磁器口最受欢迎的美食之一，用文火边煮边吃，麻辣爽口的独特口味在唇齿间游荡，色鲜味美，难怪如此受游客喜欢。

沿着石板街前行，不久便能看到两街相交处的宝善宫（宝箱三）。宝善宫在重庆知名度很高。它原是一座道观，抗战时曾被改为小学，诺贝尔物理学奖获得者丁肇中先生曾在这里就读。这是一座典型的山地台院建筑，院落整体随地形层层抬高，虽不如传统的四合院那般宽敞，但采光与通风条件优良。这种设计既顺应了重庆的地势，又与当地气候条件相适应。如今，宝善宫内设丁肇中展览馆。你可以从这位高能物理学家的生平事迹中，感受勇于质疑、不懈探索的科学精神。你还可以在院落中体验磁器口特色的茶文化，欣赏古戏台上的川剧表演。

**重庆记忆博物馆**（宝箱四）位于磁器口后街，是一家独一无二的手工博物馆。这里集中展示有重庆民俗风情的剪纸、源自清代的老竹雕笔筒、手工制作的川剧头盔、代代相传的江氏家族瓷器……在这里，你将领略地道的巴渝风情，回味老重庆的城市记忆，欣赏传承千年的古镇技艺，感受抗战时期的沙磁文化……重庆记忆博物馆将千载时光封存，更将城市的历史文化传承。

逛了半天，人也乏了，不妨顺着古街往前走到嘉陵江边。江边散落着很多茶馆，当年的水手、袍哥大爷等都喜爱出入此间。坐下来喝杯茶，看滔滔江水东去，吃小食，吹江风，目睹午后的阳光穿透古旧木屋的缝隙，一切如梦境般惬意。

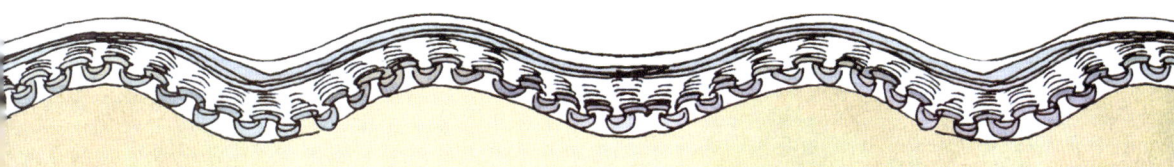

## 重庆茶馆

坐茶馆是重庆人的一种生活习俗，盖碗泡茶，三五好友谈天说地，便是重庆人的惬意人生。重庆地势陡峭，以前重庆人爬坡上坎走得汗流浃背、口干舌燥之时，需要歇脚解渴之地，所以在坡顶、石梯高处、转弯街口，往往就有供人歇脚解渴的茶馆。茶馆中精彩的说书唱戏，更给了人们驻足的理由。呷一口茶，眯着双眼，晃着脑袋，跟着戏曲轻声哼唱……

磁器口的很多茶馆都是老瓦房、老院子，有竹制靠椅、斑驳的木质柱头、风化的石头、旧店幡。店内供应绿茶、沱茶、菊花茶、茉莉花茶等，但无论是何种茶，对重庆人来说，用盖碗喝茶才是最地道的。盖碗分茶盖、茶托、茶碗三部分，有人分别用"天""地""人"来比喻这三个部分，暗含天地人和之意。土生土长的重庆人都对盖碗茶的"茶阵暗语"如数家珍。

## 茶阵暗语

将茶盖竖着放在茶托上,叫"楞起",意思是要赊账,茶钱下次来结。

如果客人有事需要暂时离开一会儿,就在茶盖上随便放个东西,譬如烟头或小纸片,示意老板不要将茶碗收走。

将茶盖朝下靠于茶托,是告诉老板需要添水。

要走时,直接将茶盖翻过来放在茶碗上即可。

切记喝茶时不能用茶盖敲茶碗,更不能直接将茶盖盖在桌子上,这是一种十分不礼貌的行为。

这小小的一盏茶里,竟然还有这么多的讲究。也对,没有规矩不成方圆,喝茶,也要有喝茶的规矩。

# 大足石刻

大足石刻分布在重庆大足区一带,是唐末宋初时期的宗教摩崖石刻,现在是世界文化遗产。大足石刻的名气虽然比不上云冈石窟和龙门石窟,但从造型的丰富程度和保存完整度来说,丝毫不逊色于其他石窟。

大足石刻以宝顶山和北山的摩崖造像最为著名,这两处的石窟造像内容丰富,造型极具特色。大多数石窟以呈现佛教文化为主,但大足石刻则集佛、道、儒三教的造像艺术精华,并表现了很多生活化的场景。

宝顶山石刻雕凿在一段U字形的山谷里,游览时游客也是沿着U字一路向前,不走回头路。这种结构可以防止大风侵袭,减缓石刻风化的速度;同时石刻刻在岩壁内,上有遮挡,也防止了雨水侵袭。

进入宝顶山景区后,需要步行一段距离才能到达宝顶山,沿着山路攀登,可以看见道路两边分布着大大小小的石刻造像。虽然这些石刻造像已经因风化而褪色,但仍能看出它们昔日的色彩是何等艳丽。

**千手观音像**(宝箱一)是宝顶山石刻中最精彩的部分,总共雕刻有830只手,这龛千手观音造像被誉为"世界石刻艺术之瑰宝"。无论你是否懂雕刻艺术,都会被雕刻者精湛的技艺和耐心惊到。

**六道轮回图**(宝箱二)是宝顶山石刻中给人留下最深印象的一组石刻,雕刻得繁复细腻,非常生动。抱轮的蓝面巨人为"转轮王",重庆人称之为"无常鬼"。

无常鬼怒目獠齿死咬轮盘，长舒两臂紧钳轮盘，象征业力所致的报应、遭遇不以众生意志为转移。

六道轮回图共分四圈。轮盘的中心圈中坐着一修行者，从其心中飞出六道光，把轮盘划分为六个部分，表示众生的一切善恶行为都由其思想意志所推动。佛教认为众生因善恶业报而在六种世界中进行生死轮回。六道的上三道为善三道，下三道为恶三道，众生都身处善恶因果的严密关系中。

释迦涅槃圣迹图（宝箱三）是宝顶山最醒目的石刻。涅槃是佛教用语，原指超脱生死的境界，现在常代指佛或僧人死亡。释迦涅槃圣迹图中佛祖释迦牟尼的半身侧卧像几乎占据整个北崖，大佛仅现上半身，下半身没在岩石里。

经书上记载，佛祖涅槃在两棵娑罗树之间，"头北脚南，背东面西，右手支颐而卧"。此处的卧佛身位与佛经上所记载的基本吻合。释迦牟尼慧眼微闭，安详而卧。其弟子从平地涌出，躬身肃立，正在聆听佛祖最后一次说法。

北山摩崖造像（宝箱四）位于重庆市大足区城北的北山。因为旅行团一般只去宝顶山，很少会去北山，所以游览北山摩崖造像的游客比宝顶山少很多，你可以静下心慢慢地欣赏。

## 大足石刻中的两位美女

大足石刻面积不大,不懂石刻艺术的人自己观赏的话,可能半小时就逛完了,但如果有导游讲解,你一定会惊讶于这石刻里面蕴含的丰富知识。

比如大足石刻宝顶山大佛湾第20号《地狱变相图》的"刀船地狱"组雕中,雕刻了一位正在掀开鸡笼的养鸡女,两只鸡争先钻出笼子,扑棱着翅膀争食一条蚯蚓。未出笼的鸡也都伸长脖子,争着往外钻。养鸡女在一旁看着,表情慈祥。如果不了解其中的缘由,会以为这雕刻是在颂扬古代劳动妇女勤劳、智慧的品质。事实上它宣扬的是佛教中的一些陈旧观念,我们现代人要理性看待。

这位美丽而端庄的养鸡女之所以被雕刻在这里,是因为她触犯了杀戒——养鸡女养鸡是为了养鸡取蛋、杀鸡取肉,犯了双重杀戒,所以,不管她从世俗意义上来说有多么美丽、端庄、善良、勤劳,按照佛理,她死后是应该下地狱的!

同理,位于《大方便佛报恩经变相》群塑中的笛女,和养鸡女一样,被雕刻得楚楚动人、婀娜多姿,但她代表的却是"邪淫",按佛理她死后也应该下地狱。

大足石刻中把佛教摒弃的思想用美貌女子来表示,向世人展示"欲"的诱惑性,而这些"诱惑"之源到了下面的那组地狱雕塑中,受到的"因果报应"是"抱柱火床"的永世惩罚。

# 武隆区

重庆市武隆区距重庆主城区约 170 千米，地处大娄山与武陵山的交错地带。长江中游最大的支流乌江横贯区境，形成了溶洞、天坑、地缝、峡谷、峰丛等地质奇观。武隆区有两个很美很壮观的自然景区——天生三桥和龙水峡地缝。

天生三桥（宝箱一）作为中国南方喀斯特地貌重要组成部分，被列入世界自然遗产，景点以天龙桥、青龙桥和黑龙桥这三座巨大的天然石拱桥著称，桥与桥之间以坑相连，形成三桥夹两坑的自然奇观。游览天生三桥，首先要乘坐落差 80 米的电梯下到山谷，出电梯后，还需向下走近 600 级台阶到达天龙天坑底部。走在景区内，四周是葱茏的草木和飞泉流瀑，不过最打眼的还是那气势磅礴的三桥。

天龙桥犹如飞龙在天，桥下有天生坑，坑内又生洞，且洞洞相连恍如迷宫，令人倍感神奇。行走于石阶上，不禁陶醉于这自然美景中，群山相叠，曲径通幽，宛如踏入了时空隧道，步入了另一人间。青龙桥是三桥之中垂直落差最大的一座桥，远观似一条青龙起码上蓝天。黑龙桥最大的特点是里面有四泉：珍珠泉、雾泉、一线泉和三迭泉。珍珠泉从洞顶喷涌而出，微风吹过，将泉水变成一粒粒小水珠，像是仙女撒下的珍珠。雾泉从一个小孔中喷出，在阳光的照耀下一下子不见了踪影，只留下一层烟雾，真像是从黑龙口中喷出的迷雾呢。一线泉从桥洞中部流出，水流像是排着队从洞里走出来一样，笔直笔直的。三迭泉从桥壁奔流而下，被中间三块突起的石板分成三段，一波三折，错落有致，远远看去像是一只

展翅欲飞的蝴蝶。

　　沿着坑底步道走1个多小时，可到达天生三桥的另一出口，当地人叫"第三停车场"，那里有车可以到龙水峡地缝景区（宝箱二）。

　　进入地缝景区后乘电梯下到"地缝"，那是一个特别幽深的喀斯特峡谷。整个龙水峡全长约5千米，沿着潺潺的溪水一路往里走，能感受到一种幽邃神秘的氛围。

仙女山国家森林公园（宝箱三）是武隆区的另一个著名景区，属武陵山系，最高海拔2033米，集林海、草场、奇峰、雪原四绝美景于一身，是重庆周边最大的高山草原，享有"东方小瑞士"的美誉。重庆人喜欢来此休闲度假，夏季避暑纳凉，冬季赏雪滑雪。景区还有骑马、滑草、卡丁车、射箭、滑翔伞、烧烤、露营等游乐项目。

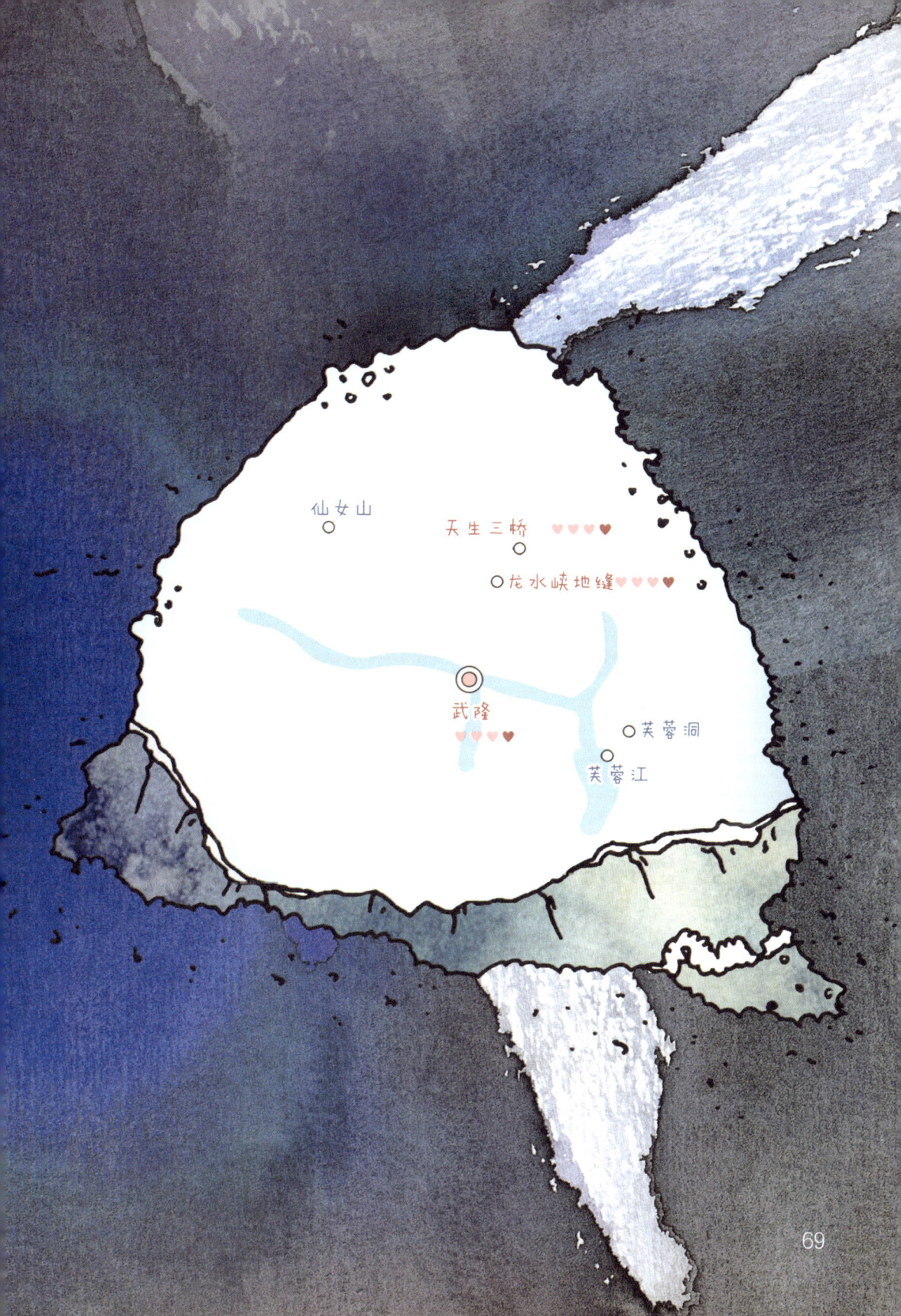

游客车辆严禁驶入观光车运营路线,游客可以选择步行或乘坐仙女山观光小火车进入大草原核心区。仙女山小火车实际上是火车造型的观光汽车,途经几个站点,游客可以随时上下车,其中第一站大草原,第二站跑马场,第三站则又回到起点。

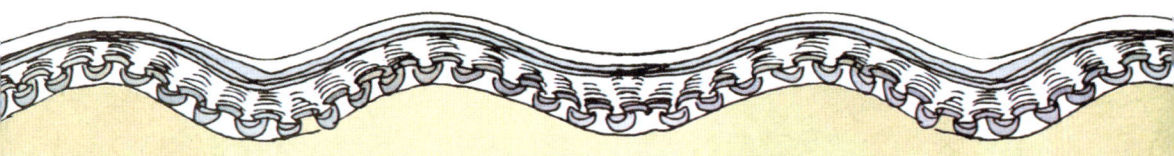

## 喀斯特地貌

喀斯特地貌一般指碳酸盐岩分布地区所特有的地貌现象。地表岩层经过地表水和地下水长时期的溶解侵蚀，形成了以"千沟万壑"为标志的地表特征。在喀斯特地貌下，往往存在地下河和溶洞。

喀斯特地貌的地表崎岖，土壤十分贫瘠，不利农业发展，但其千沟万壑的特色却十分受游客青睐。中国重庆、广西、贵州、云南一带均有喀斯特地貌，其中重庆的武隆喀斯特地貌作为中国南方喀斯特地貌的重要组成部分，在 2007 年被联合国教科文组织列为世界自然遗产。

# 酉阳土家族苗族自治县

美丽而宁静的酉阳县位于重庆的东南部,在重庆与湖北、贵州交界的地方。它是重庆市面积最辽阔、少数民族人口最多的县。酉阳县风景秀丽,不仅有国家级森林公园桃花源景区,还有着独特的民俗和人文,如土家族风情浓郁的龚滩古镇是有名的历史文化名镇。酉阳是重庆少数没有"高温补贴"的地方,重庆人也喜欢来此避暑。

"土地平旷,屋舍俨然,有良田美池桑竹之属。阡陌交通,鸡犬相闻。其中往来种作,男女衣着,悉如外人。黄发垂髫,并怡然自乐。"陶渊明先生笔下所

写的桃花源是无数中国人心中向往的精神家园。酉阳桃花源景区将《桃花源记》中的景象搬到了现实中，还原了"男耕女织，天人合一"的美好画卷。

　　酉阳桃花源景区由古桃源、太古洞、酉州古城、桃花源广场、桃花源国家森林公园桃花源风情小镇、二酉山世外桃源文化主题公园、桃源大舞台组成。太古洞（宝箱一）是桃花源的入口，近几年才被发现并开发。与重庆武隆芙蓉洞、丰都雪玉洞相比，太古洞体量更大，气势更宏伟，形态更细腻。

　　走出太古洞，已是一个小时之后，眼前的景象变得豁然开朗，映入眼帘的是庭院、农舍、良田、涓涓溪流……就连农舍旁的小物件都透露着沧桑的历史感，一切都如同《桃花源记》文中的场景，完美地诠释了那段流传千年的奇幻之旅。

龚滩古镇（宝箱二）呈长条状夹在公路和乌江之间，一条清幽的石板路连接两端，石板路两边的吊脚楼沿乌江依陡壁而建，游览起来比较简单。龚滩并不是一个名副其实的"古"镇。2006年由于乌江彭水电站项目使乌江水位上涨，以前那个千年古镇全部被淹没在乌江底，如今的龚滩古镇是在原址相邻的高地处复建而成的，整个古镇保留了原址的风貌，并将原来的一些古遗址搬迁了过来，设施也更加齐全。

　　比起傍着沟渠或小河的江南古镇，居于乌江天险中段的龚滩古镇显得大气很多。乌江画廊的雄奇与秀美堪比长江三峡，而且龚滩古镇一直算不上热门景点，人不多，相比其他人潮涌动的古镇，依山傍水的龚滩古镇仍保存着静谧的氛围，好似世外桃源一般。

　　龚滩古镇里面有几座重要的古建筑，如西秦会馆、冉家院子、川主庙等。西秦会馆（宝箱三）是光绪年间陕西商人来此修建的，是古镇内最高大宏伟的建筑，明显的外来风格让它颇有鹤立鸡群之势。因为会馆四周建有封火墙、外壁以朱红粉饰，当地人也称之为"红庙子"。西秦会馆的地面铺着石板，大门临街西开，内设正殿、偏殿、耳房、戏楼，雕梁画栋，筒瓦覆顶，古朴雅致。

冉家院子也是龚滩古镇内值得细探的一座古建筑，据说已有三百年历史，建筑形态类似于徽派民居。但与徽派民居不同的是，它的一面是开放的，吊脚楼廊伸向街面，是地道的龚滩建筑风格，可以说，冉家院子是徽派民居和本土建筑风格融合的典范。

龚滩古镇的川主庙（宝箱四）是西南地区众多川主庙中的一座。庙里供奉的是战国时期有名的水利专家李冰，他修建了举世闻名的都江堰水利工程，为天府之国的发展奠定了良好的基础。在四川人心目中，李冰就是水神的化身，后人尊称他为川主，并建造了很多庙宇来纪念他。

沿着古镇一路上行,可以来到已沉入江中的老镇子原址。看着尚露在水面上的零星旧房,想着存封于水下的千年历史,未免会感到一丝惋惜。如果感觉走累了,可以乘坐游览乌江画廊的游船,在碧绿的江上观看两岸陡壁绝对是一种享受。

无论去什么古镇,最好能在里面住一晚。古镇的清晨和夜晚是最贴近它本色的时刻,龚滩古镇自然也不例外。傍晚的时候沿江漫步,迎着江风,恰是惬意好时光。这时的乌江很迷人,江天渔火,炊烟氤氲,一派宁静祥和的气氛。

入夜后,龚滩古镇广场上,时不时会点燃篝火,跳起土家族欢快的摆手舞。随着摆手舞音乐响起,四周的人们开始跳起舞来,简单的小跨步、弯腰、左右抬手臂……来自全国各地的游客也纷纷加入摆手舞的行列,与土家族妹子一起舞蹈。

夜色渐深,游客陆续离开这座古镇,镇上的店面也陆续关了门。红灯笼在夜色中亮起。在古镇里慢慢踱步,耳边只有蝉鸣声、风声、居民家的闲聊和麻将声,以及回荡在空中的自己的脚步声。

龚滩古镇沿袭了旧时守夜人打更的传统，巡更老大爷一边敲打着梆子，一边随梆子声吆喝"天干物燥，小心火烛"，有时也宣传景区消防安全，通知重大事件。当睡在客栈里，耳边传来那有节奏的梆子声，你会感到很心安。

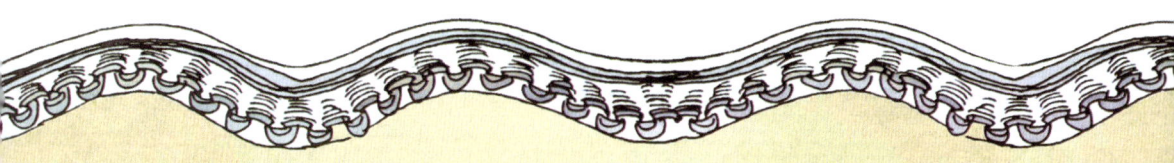

## 重庆的土家族

在重庆，人口最多的少数民族是土家族，其次是苗族，接下来依次是回族、彝族、蒙古族、壮族、满族、布依族等。

土家族最具特色的节日是年节，摆手舞是年节中的标志性歌舞，是土家人祭祀神灵、酬报先祖和传承民族文化的重要形式。摆手舞分为"大摆手"和"小摆手"两种，主要表现的内容涉及人类起源、神话传说、民族迁徙、古代战争、狩猎捕鱼、刀耕火种、生产劳动、饮食起居等社会生活的方方面面，2008年被列入第一批国家级非物质文化遗产扩展项目名录。

哭嫁是土家族的另一个特色习俗。在过去，土家姑娘的喜庆之日是用哭声迎来的。新娘在结婚前半个月就开始哭，有的要哭一月有余，至少三五天。以前土家人以能否唱哭嫁歌作为衡量女子才智和贤德的标志。哭嫁，源于妇女婚姻不自由，她们用哭嫁来控诉，而如今已演变为一种仪式。"哭"不是一件容易的事情，以前的土家族女孩从小就要学习，未嫁时遇见村里有人出嫁，便去现场观察、模仿，等到长大后，闺密好友出嫁了，就要陪哭，这既是对闺密的祝福，也是为自己出嫁提前演练。

## 中山古镇

　　中山古镇依山而建，一条老屋夹道的古街，旁边的建筑是高低错落的吊脚楼，呈现出原汁原味的巴渝风韵，没有现代修缮的痕迹，显得古朴纯真。古镇不大，不到半小时就能逛完，也没有什么名人故居，相比磁器口的喧嚣嘈杂，中山古镇显得更加安静。古镇上的人悠然自得地生活着，街边晒太阳的老人让整个氛围更显得安静又古朴，像一部老电影在眼前展演，真实得不可思议。

　　街边有很多卖小吃的店铺，以烟熏的方式烹制的豆腐几乎没有烟熏味，口感很嫩，中间夹的蔬菜也清脆爽口，还带点辣味，还有一种高粱粑粑，味道也很不错，可以尝尝。买一份小吃，边走边吃，逛累了就在街边的一家小饭店里坐下，这里的菜是原汁原味的农家味道，尤其是鱼，鲜美入味。

# 两江游（朝天门）

重庆是嘉陵江和长江交汇的地方，这两条江的存在，柔化了这座山城的灵魂。两江蜿蜒，在重庆形成似古篆书"巴"字形的河道，故有"字水"之称。而山城夜晚万家灯火起伏错落，"宵灯"倒映"字水"，璀璨绚丽，因此重庆山城夜景被称为字水宵灯（宝箱一），为清乾隆年间"巴渝十二景"之一。要想全方位、多角度、近距离地饱览"字水宵灯"这一美景，最佳方案当数坐船夜游两江。

晚上在朝天门码头登上游两江的游轮，一声长笛鸣响后轮船出发，先游嘉陵江，再游长江。嘉陵江因为江水比长江清澈，夜景相对更美，江景有点像上海黄浦江的夜景，由于地势的缘故，重庆两江夜景比上海的显得更加层次分明，更加立体，再加上一座座跨江大桥的美丽点缀，更平添了几分动感。

从船上远眺，洪崖洞的吊脚楼群就像天上宫灯高悬的玉宇琼楼一般美轮美奂。江水悠悠，江风轻拂，两岸万家灯火倒映在水中，流光溢彩，形成一片灯的海洋。不时有彩灯船驶过，打破水中那一片迷离的幻境。恍惚间，觉得自己是在天上的星河中游览，感觉非常奇妙。

白天，可以去码头坐传统的 怀旧渡轮（宝箱二）。渡轮并非仅对游客开放，而是兼具交通功能，票价很低。渡轮码头位于嘉陵江边，它的右侧是千厮门大桥，对面是渝中半岛。渡轮有3站，分别是朝天门站、江北嘴站、弹子石站。

朝天门是两江汇流之地，是重庆的重要地标，古时候这里是面朝天子迎接圣旨的地方，所以叫朝天门。坐在船上看，对面的朝天门码头呈现出一个舌尖的形状，层层石阶从江水里往上延伸，高高的"城门"耸立在背后——那是近年来最富有争议的重庆新标志性建筑—— 来福士（宝箱三）。

重庆来福士包括8栋塔楼、1座裙楼和一座横跨4栋塔楼离地约250米高的空中水晶连廊，是一个集住宅、办公楼、公寓、酒店、商业、地铁、公交枢纽、轮渡码头为一体的超级城市综合体。这栋巨无霸建筑由加拿大设计师萨夫迪设计，屹立在朝天门之上，朝日迎风，俯瞰两江三岸。

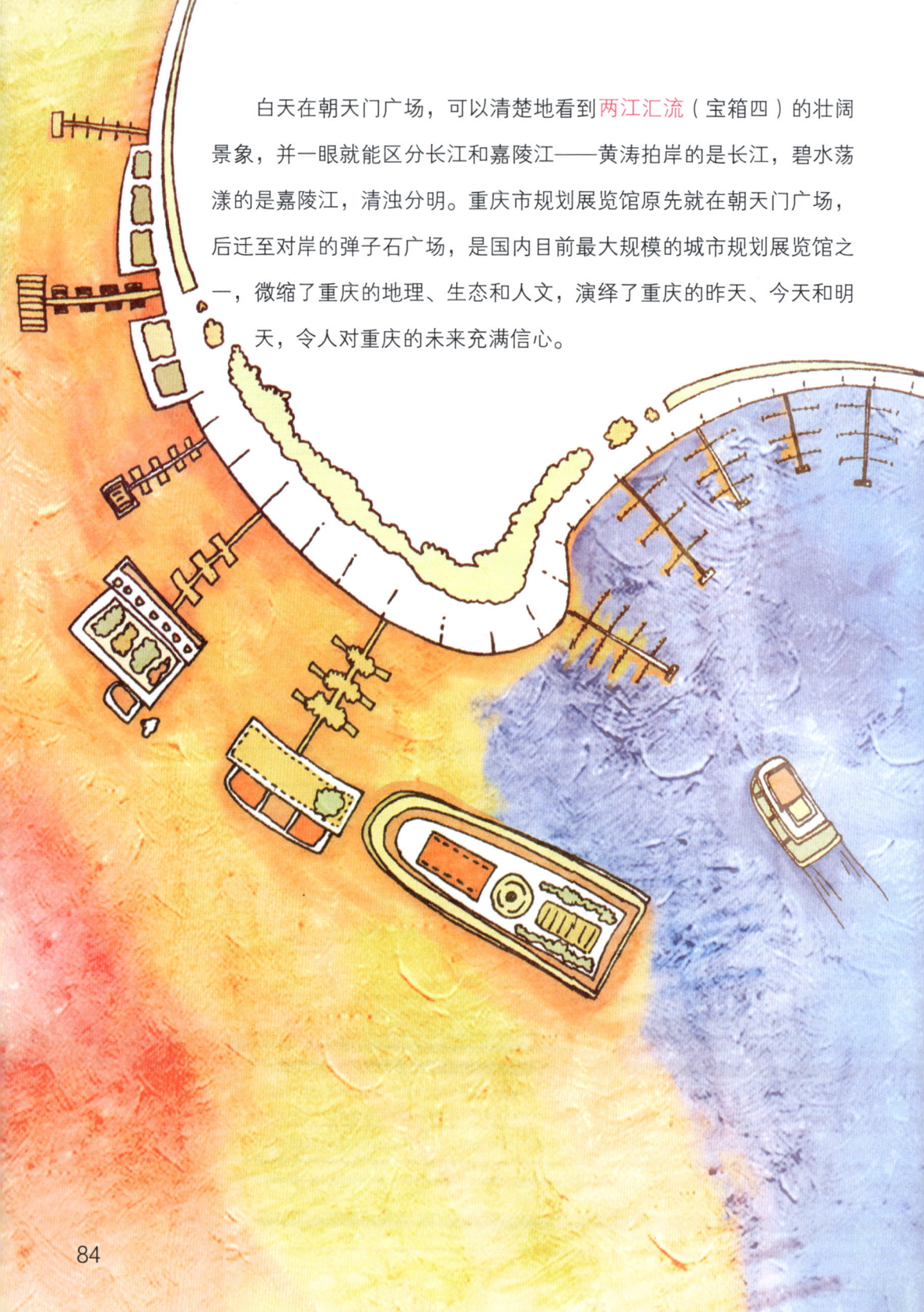

白天在朝天门广场，可以清楚地看到两江汇流（宝箱四）的壮阔景象，并一眼就能区分长江和嘉陵江——黄涛拍岸的是长江，碧水荡漾的是嘉陵江，清浊分明。重庆市规划展览馆原先就在朝天门广场，后迁至对岸的弹子石广场，是国内目前最大规模的城市规划展览馆之一，微缩了重庆的地理、生态和人文，演绎了重庆的昨天、今天和明天，令人对重庆的未来充满信心。

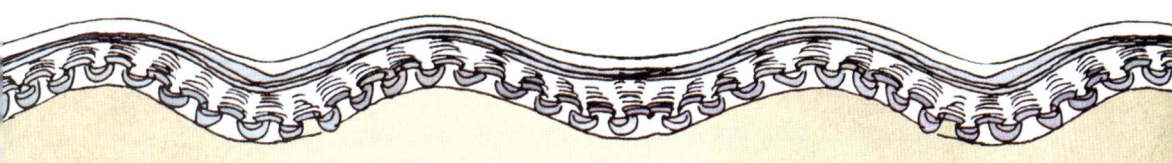

## 码头文化与袍哥义气

游览重庆,不难发现,这是一座现代又开放的大城市,对外来文化,重庆人始终抱持着一种积极和包容的态度,但骨子里仍保留着一种山城的气质,比如耿直、豪爽、纯真。重庆人吃饭、喝茶、聊天,都带着一股"江湖气",十分热情,容易亲近,是一种珍贵又有趣的特质。

这种豪爽的江湖气,与重庆的码头文化息息相关。历史上的重庆有着众多的天然码头,而蜀道艰难,水路往往是古代四川地区物流运输的首选。在旧时,船运依靠风力、人力推动船舸前行,依靠船老大对航路的熟悉,依靠一船水手同舟共济才能安全到达目的地,久而久之,形成了今天重情重义的重庆码头文化。

码头由于举足轻重的作用,势必会被各方势力盯上。历史上,为了维护各方势力和人群的利益,人们自发组织起帮会。帮会依帮规,由老大和大小各分舵的头目管理着各个码头,平衡各方的利益。

在明末清初,天地会打出"驱除鞑虏、反清复明"的旗号,它的一个分支哥老会在清末逐渐流入四川(那时候重庆也属于

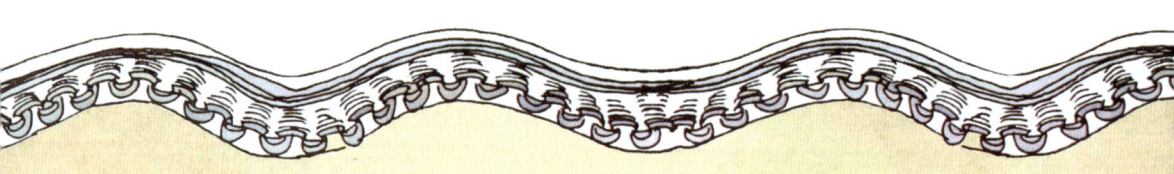

四川），当时的四川人便通称这些帮派的成员为"袍哥"。袍哥组织的特点之一是"够哥们儿，讲义气"，很多青年都加入以寻求保护，袍哥组织逐渐成为管理码头的帮会组织。辛亥革命前夕，同盟会利用各地袍哥势力，引导农民推翻清朝政权，袍哥由地下走向公开，大量的下层群众蜂拥参加袍哥组织。

至抗日战争前夕，重市超过一半的青壮年都加入了袍哥组织，基本上各个地盘都被袍哥组织控制，不只是实际的水陆码头，袍哥的地盘都叫"码头"。"拜码头"在当时也成了四川地区行事的潜规则。

不过，袍哥组织毕竟是黑社会性质的组织，在1949年以后就被取缔了。如今，袍哥会虽然已不存在，但是袍哥文化中的一些积极因素，对重庆人的影响很大。比如袍哥们义气至上、互相帮助、豪爽自由等"江湖特性"，至今仍深植于重庆和四川民间，被民众普遍接受乃至推崇。也正是这种"码头文化"，塑造了重庆人耿直、豪爽的性格特征，构成了重庆人性格的底色。

重庆美食

# 重庆火锅

火锅对于重庆人来说，不仅是美食，更是植入骨髓的一种情怀。众所周知，重庆是中国的三大"火炉"之一，夏天闷热难耐，可高温丝毫没有影响到重庆人民对火锅的热情，边吃西瓜，边烫火锅，开着空调，仍能吃得大汗淋漓，吃得豪爽霸气。"重庆十八怪"的第二怪便是"三伏火锅逗人爱"。

曾经在一个洞子火锅店（开在防空洞里的火锅店），望着热火朝天地吃火锅的食客，问重庆的朋友吃火锅的频率，重庆妹子说大概一周至少一次吧。我一惊，问是不是因为重庆人体质不容易上火，所以大热天吃火锅也没事。她笑着回答说，哪里不上火哦，夏天她都是吃了火锅就吃降火药，可是不到一个星期，她的嘴、胃和心都开始怀念火锅的味道，忍不住想要再吃一次！

洞子火锅是老火锅，通常分成九个格子，我问朋友是不是因为门店历史悠久所以叫老火锅，重庆的朋友说不是这样区分的，重庆人说的老火锅是指牛油火锅，大多用铜锅烹制。

火锅里的老汤一沸腾，把配菜下进去（重庆人喜欢的火锅配菜是鸭肠、毛肚、牛肉这类食物），不一会儿，再拿着长长的筷子下锅去捞。在重庆吃火锅时，往往都搭配着吃一些特色的美食小吃，比如红糖糍粑。吃火锅吃到辣得受不了时，咬一口黏黏糯糯、嚼劲十足的糍粑，一下子就不觉得那么辣了。朋友介绍说，要是实在觉得太辣，在火锅里加碗醪糟也可以解辣。

## 江湖菜

江湖菜，顾名思义，指没有经过正规培训，来自江湖的乡野厨师或者平民百姓自创的菜式。重庆江湖菜的主要特点是放料比较大胆，比如大把地甩辣椒，大瓢地加花椒，如辣子鸡、麻辣虾、水煮鱼，入目便是红彤彤、油亮亮的一片，强烈地刺激着你的视觉和味觉。这跟重庆人豪爽的性格有着直接的关系，恣意地用调料，把菜肴做得霸气十足。

辣子鸡是江湖菜的代表菜之一，这道菜常令人疑惑究竟是辣椒炒鸡肉还是鸡肉炒辣椒，不过睁大眼睛在满盘红亮的辣椒中寻找鸡丁，大概也是吃这道菜的一种乐趣吧。

重庆水煮鱼用的是一种俗称为"子弹头"的干红辣椒。这种辣椒身长、肉厚、色鲜、辣味正并带甜，质量极佳，烹煮在高温的红油中也不会变黑发焦。

## 重庆小面

如果说火锅是重庆美食的名片,那小面就是重庆美食的代表。重庆小面把十几种佐料配成的调料置于碗底,等面锅沸腾过后,赶紧盛一勺面汤浇在佐料上,趁热把调料的鲜、香、麻、辣激出来。几秒钟过后,要立刻从锅中挑出几片菜叶放在面碗里,一转身的工夫,又把下锅的面条用竹篦勺捞出来放在面碗里。这调面、煮面、挑面的过程行云流水、一气呵成,乍一看像是简单的家庭烹饪,仔细琢磨则是一场精彩的艺术表演。

在重庆美食江湖中,辣椒是绝对的主角。重庆小面里用的辣椒油更是无比讲究。好的辣椒油会选贵州的大红袍辣椒做底,因为它色泽光亮、切碎好看,配上湖南的朝天椒,用油反复翻炒烘干,接着用木槌捣碎,把辣椒面加上热油煎制,外加带有独家秘方性质的草果、核桃仁、芝麻,正式出锅的辣椒油鲜香、醇厚,令人吃后念念不忘。

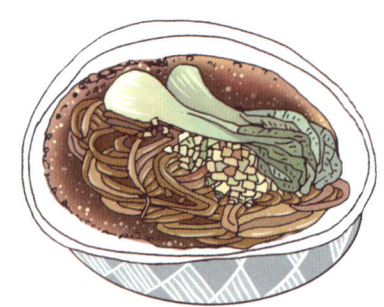

## 重庆小吃

重庆小吃种类多,地方风格浓郁,以香、麻、咸、辣为特色。重庆的小吃遍布角角落落,只要有心挖掘,美食无处不在!

豆花是最受重庆人喜爱的小吃之一,以前多以摊担方式运营,普遍盛行于城市和乡村,是一种历史悠久的民间小吃。用酱油、醋、辣椒面、味精调成味汁,放入事前熬烫的豆花,撒上芽菜末、油酥黄豆、大头菜末和葱花。豆花细嫩,配料酥香,酸辣适中,别有一番风味!

油炸土豆也是重庆人热衷的小吃。将土豆去皮煮熟,放在油锅中煎炸,待黄亮熟透后从油锅中捞出。必须说一下,有锅巴的土豆真的是我的最爱,撒上辣椒面、花椒粉、精盐等佐料,那滋味让人欲罢不能!

烤脑花是最有重庆地域特色的小吃之一,食材选用的是猪脑花,加上海椒末、花椒粉以及其他佐料火烤而成。烤脑花入口绵软,香而不腻,油而不肥,是不少人到重庆旅游时必点的一道小吃。

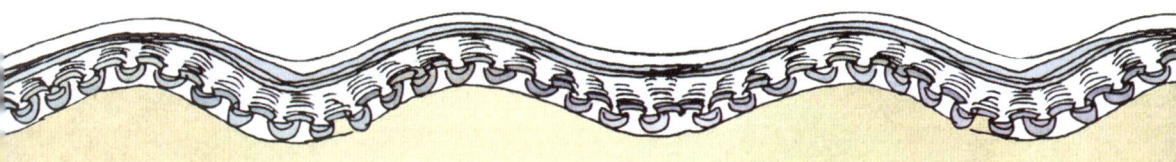

## 重庆三大美食探索地

除了之前提到过的最受游客欢迎的八一路小吃街,重庆还有很多美食汇聚之地,下面给大家介绍三条最受重庆本地人推崇的美食街。

较场口夜市:解放碑附近的美食夜市,较场口夜市区别于传统的夜市形态,主要为现代工业风格集装箱式店铺,夜市营业时间从上午10点到凌晨2点,部分商户24小时不打烊,越夜越欢乐!

观音桥好吃街:观音桥是人气仅次于解放碑的商圈。好吃街里的美食包罗万象,全国各地的风味小吃一应俱全,让人眼花缭乱。

回龙湾美食街:这条美食街位于南岸回龙湾小区周围,各色餐馆、小吃摊分布密集。这里既有川渝特色的本地菜系,也有新疆、东北、广东等地区的外地风味,既有环境优雅的酒楼,也有风味独特的小吃摊,是吃货们热捧的新兴美食打卡地。

# 三　　峡

"蜀道之难，难于上青天。"古人进入四川，一般会放弃陆路走水陆，从湖北宜昌逆水乘船，经过著名的长江三峡后到重庆，全程需要约一个月时间。

狭义上的三峡指的是瞿塘峡、巫峡、西陵峡这三个长江上的峡谷地区，自古以来，三峡就被喻为长江的明珠。文人墨客无不浓墨重彩地去描绘它。如杜甫的"白帝高为三峡镇，瞿塘险过百牢关"，孟郊的"巴江上峡重复重，阳台碧峭十二峰"，陆游的"十二巫山见九峰，船头彩翠满秋空"……

巫峡（宝箱一）位于白帝城下游，以幽深秀丽著称，是三峡中风景最好看的一段。整个峡区奇峰突兀，怪石嶙峋，宛如一条美不胜收的画廊。巫峡两岸群峰中，其中巫山十二峰最为壮观，而十二峰中又以神女峰最为"俏丽"。古往今来的游人无不被这里的迷人景色所吸引。

乘船是游览三峡的最佳方式。站在甲板上，看两岸群山巍峨，悬崖峭立。峡谷沿岸还有众多历史悠久的文化遗址、古迹建筑等。

三峡沿岸的丰都鬼城（宝箱二）是一座拥有近2000年历史的古城，又被称为"鬼国京都""幽都"，它位于重庆市丰都县城的长江北岸，坐船沿江而下，丰都鬼城隐匿在岸边山峦中，更添一份神秘与阴森。

丰都鬼城是传说中著名的"阴曹地府"所在地，是中国幽冥文化的集中体现地，展现了人们对中国神话中的阴曹地府的想象，如哼哈祠、奈何桥、黄泉路等建筑。在鬼城内，还可以看到牛头马面、阴间判官、阎罗王等民间神话传说中的人物的塑像。这些传说中的幽冥界去处，充分反映了古代中国人对生与死、鬼魂和地狱的认知。

天子殿是丰都鬼城内的核心建筑之一，始建于明代。民间神话传说中天子殿是阎王审问死者的地方，每个人都会在此过堂，由阎王根据你在阳间的一生善恶决定你后世的轮回。天子殿气势宏伟，牛头马面、黑白无常分立两旁，阴天子正坐大殿，崔判官埋头看文书。整个大殿生动地描绘出人们传统认知中的阴间模样。

　　每年的阴历三月初三，各处游人和香客都会蜂拥至丰都庙会，热闹非凡。庙会以阴天子娶亲为主线，融合丰富多彩的民俗文化、形形色色的民间技艺和地方特色美食，形成了集民俗性、观赏性和体验性于一体的大型地域节会。

现在去三峡能看到的张飞庙（宝箱三）已不是原先的古庙，而是1995年搬迁过来的。政府当时花巨资，将原张飞庙的一砖一石悉数搬到了云阳县新城对岸的山上，并按照原庙的模样，本着修旧如旧的原则，复建了一座张飞庙。从搬迁经费及规格来看，张飞庙堪称三峡库区最大的"移民"。

相传当年张飞驻军阆中，闻听关羽被东吴所害，脾气暴躁的他立即下令全军三日内备齐白旗白甲，出发去攻打东吴。其部下范疆、张达因行动不迅速，准备不当，被张飞一顿责打。二人害怕张飞再处置他们，便乘张飞入睡之机下手杀了他。事后他们准备去投奔东吴，行至云阳时，二人听说吴蜀两家已经讲和，便不敢再去东吴，只好将张飞首级丢入长江后逃走。后人将张飞葬于飞凤山上，并在山上建庙祭祀，距今已有1700余年。

张飞庙依山就势，古朴厚重，灰瓦粉墙，庄严肃穆。拾级而上，一个飞檐翘起的角门出现在眼前，因为张飞一生为人耿直，心向蜀汉，故而庙门对着成都方向。

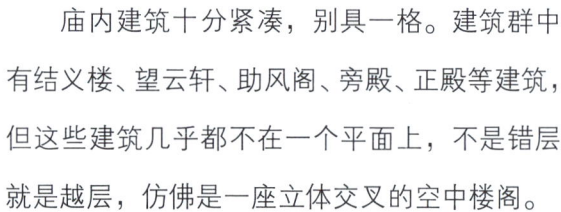

庙内建筑十分紧凑，别具一格。建筑群中有结义楼、望云轩、助风阁、旁殿、正殿等建筑，但这些建筑几乎都不在一个平面上，不是错层就是越层，仿佛是一座立体交叉的空中楼阁。

当地人坚信张飞会保佑他们平安大吉。因此，人们依旧延续着每年大年初一和农历八月二十八（张飞生日）来此进香的习俗。由此可见，张飞在老百姓心中占有多么重要的位置。

"朝辞白帝彩云间，千里江陵一日还。两岸猿声啼不住，轻舟已过万重山。"李白的名诗让白帝城尽人皆知。自三峡蓄水后，三面环水的白帝城（宝箱四）成为一座小岛。

西汉末年王莽（篡夺汉朝政权建立新朝）的手下大将公孙述割据了四川，自称蜀王，他骑马来到瞿塘峡口，见地势险要，难攻易守，便扩修城垒，屯兵严防。后来公孙述听说城中有口白鹤井，井中常冒出一股白色的雾气，其形状宛如一条白龙，直冲九霄。公孙述故弄玄虚，说这是"白龙出井"，是他日后必然登基成龙的征兆。于是，他自称白帝，在此建都，取名"白帝城"，后人为怀念他，在白帝山上建庙，立其像祭祀，故称"白帝庙"。

三国时期，刘备占领成都，刚刚稳定几年，他不听军师诸葛亮劝阻，执意要亲征东吴。刘备率大军到达奉节后扎营白帝庙，不多日，身染重疾，且日趋严重，自感生命大限已到。于是急召诸葛亮率众臣赶来白帝庙交代后事，这就有了刘备白帝庙托孤之事。

因刘备白帝城托孤的故事，明朝时期，白帝庙改为供奉刘备和诸葛亮，更名为"义正祠"，随后又增加了关羽和张飞的塑像，这也是"白帝城内无白帝"的原因。

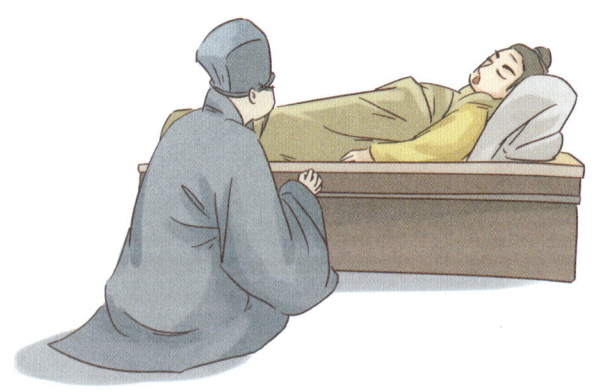

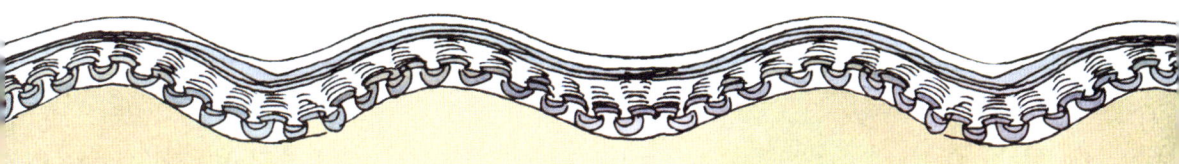

## 鬼城文化趣谈

十八层地狱是佛教中的重要思想。据东汉安世高所译的《十八泥犁经》，地狱分为十八层，合称为十八层地狱。十八层地狱的"层"不是指空间的上下，而是在于时间和内容上，尤其在时间之上。十八层地狱是以生前所犯罪行的轻重来决定受罪时间的长短。每一层地狱比之前一层地狱增苦二十倍和增寿一倍，全是刀兵杀伤、大火大热、大寒大冻、大坑大谷等刑罚。当到了第十八层地狱时，所受的苦难已经无法形容，也无法计算出狱的日期了。

地藏菩萨因其"安忍不动，犹如大地，静虑深密，犹如秘藏"，所以得名。据佛典记载，地藏菩萨在过去世中，曾经几度救出自己在地狱受苦的母亲，并在久远劫以来就不断发愿要救度一切罪苦众生，尤其是地狱众生。

谛听是地藏菩萨经案下伏着的通灵神兽，可以通过听觉来辨认世间万物，尤其善于听人心，在名著《西游记》中就有述说谛听辨别真假美猴王的故事。它集群兽之像于一身，聚众物之优容为一体，有虎头、独角、犬耳、龙身、狮尾、麒麟足。

阎罗王，亦称"阎王爷"。其原型为印度神话中的阎魔王，在早期佛教和印度教神话中，阎王是冥界唯一的王，但中国道教创造性地将阎罗王收编归为十殿阎王中的一位，这种说法后来在中国民间广为传扬。

判官是阴曹地府中阎王爷的助理。判官数量不少，按职务分主要有四种：掌刑判官、掌善簿判官、掌恶簿判官、掌生死簿判官，其中掌生死簿的判官职位最高，权力最大。民间信奉一位主掌生死簿的判官——崔府君。

黑白无常，亦称无常，是中国传统文化中的一对神祇，也是最有名的鬼差。此二神手执脚镣手铐，专职缉拿鬼魂，协助赏善罚恶，也常作为阎罗王、城隍、东岳大帝等冥界神明的部将而出现。

牛头马面取材于中国传统文化中勾魂使者的形象。按照《铁城泥犁经》的说法，阿傍为人时，因不孝父母，死后在阴间为牛头人身，担任巡逻和搜捕逃跑罪人的衙役。

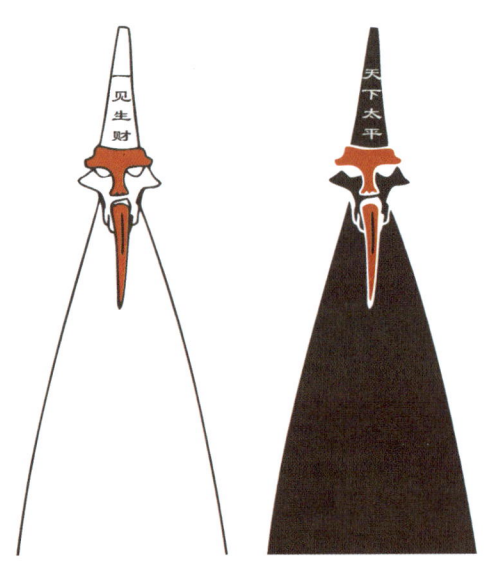

地狱的小鬼，或者行刑的小鬼，按照鬼怪文化中的说法，本来是不存在的，他们是从人造恶的业力中变化出来的。当一个恶鬼受完地狱的苦痛后，给这个鬼行刑的小鬼自然就消失不见了。

## 南滨路

　　南滨路是重庆有名的美食集聚地,现在很多人来此,选条石舫吃鱼筵。重庆的水产丰富,鱼又肥嫩又鲜美。等上菜期间,搬一把椅子在阳台,吹着江面拂过来的微风,看看江对面渝中区的山城夜色。在南滨路看夜景,会觉得那景色就像一幅巨型的画卷呈现在自己眼前,令人产生一种人在画中游的亲近感。

　　饭后,到南滨路上走走,运气好时能看到音乐喷泉。在这条满是美食与美景的街上享受了味觉与视觉的双重盛宴后,再来这么一场听觉盛宴,真是太惬意了!

# 南山一棵树

　　重庆是一座山城，依傍嘉陵江和长江这两条浩荡的大江，背靠雄浑的大巴山和华蓥山，大开大合的地形造就了重庆壮观的夜景。常言道"不览夜景，未到重庆"，而南山"一棵树"，据说是观看重庆夜景的最佳之处。

　　"一棵树"是南山上观景楼的名字，这个名字来源于建景区的时候，保留了一棵老黄桷树。黄桷树是重庆的市树，重庆到处都有这种树，比如中山四路的行道树便是黄桷树。黄桷树形状奇特，悬根露爪，蜿蜒交错，而且寿命很长，百年以上的大树比比皆是。黄桷树在佛经里被称为神圣的菩提树，旧时中国西南一带，黄桷树只能在寺庙、公共场合种植。

　　下了长江索道，可以打车到南山一棵树。这里游客不少，上山的路略微有些堵。观景楼的对面就是灯火辉煌的渝中区。在"一棵树"俯瞰重庆层层叠叠、错落有致的高楼，投映在两江的万家灯火，有一种流光溢彩的梦幻感。重庆的山城夜景拥有无与伦比的魅力。

## 同类寻宝地推荐

　　壹华里夜景公园

图书在版编目(CIP)数据

魔幻山城的风华：魅力重庆/彭彭文；彭彭，燕十三图.—上海：上海科技教育出版社，2023.8

（探城寻宝记）

ISBN 978-7-5428-7878-6

Ⅰ.①魔…　Ⅱ.①彭…②燕…　Ⅲ.①重庆—概况—少儿读物　Ⅳ.①K927.19-49

中国版本图书馆CIP数据核字(2022)第243372号

责任编辑　顾巧燕
装帧设计　李梦雪

探城寻宝记

**魔幻山城的风华：魅力重庆**

彭彭　文

彭彭　燕十三　图

| | |
|---|---|
| 出版发行 | 上海科技教育出版社有限公司<br>（上海市闵行区号景路159弄A座8楼　邮政编码201101） |
| 网　　址 | www.sste.com　　www.ewen.co |
| 经　　销 | 各地新华书店 |
| 印　　刷 | 苏州美柯乐制版印务有限责任公司 |
| 开　　本 | 720×1000　1/16 |
| 印　　张 | 6.75 |
| 版　　次 | 2023年8月第1版 |
| 印　　次 | 2023年8月第1次印刷 |
| 书　　号 | ISBN 978-7-5428-7878-6/G·4669 |
| 定　　价 | 58.00元 |